ちくま学芸文庫

ローマ教皇史

鈴木宣明

筑摩書房

はじめに

「ローマ教皇」は、船頭が多くの人を乗せた船をあやつって彼方の岸辺へと荒海を漕いで進んでいく姿に似ている。船頭は教皇、船はキリストの教会、荒海は世界史である。教皇の漕ぐ船は世界史の荒海を渡って、世界と人類の終末完成へと走っていく。世界史の中でキリストの代理者、ペトロスの船は幾度も沈没しそうに見えたが、つねに新たに帆をはって走り続けてきた。

キリストの救いは世界史において神の救済史として起こってきた。この神の救済史において営まれる教会史は、神の民のキリストへの信仰・希望・愛の生活史である。神と人間との出会いの場としてキリストの教会は、神の恵みと人間の弱さとの緊張をはらみつつ、世界と人類の終末完成へと進んでいく。教会史は神の恵みと人間の弱さの交わりによる喜びと悲しみのドラマの展開である。人間の弱さから見れば、教会史は誉れと輝きの歴史ではなく、むしろ苦悩と悲哀の歴史である。しかし救済史の中に働いている神の恵みから見れば、教会史はいつの時代にもキリストへの信仰・希望・愛に生きる人間の生命内に働いている神の恵みの輝いた喜びの歴史である。

教会史における「ローマ教皇史」もまた同じである。偉大な教皇もいた。悲しい教皇もいた。しかし「キリストの救いの船」に神の民を乗せて終末完成へと漕ぎ続けるべき使命と責任をもっている「教皇職」には、神の恵みが働き続けた。「キリストの救いの船」であるペトロスの船の真の漕ぎ手は、人間教皇ではなく、イエスス・キリストであるからである。

ローマ教皇史を短くまとめることは、明らかに冒険であることを認識しつつ、本書の記述を決意した。本書の記述にあたって、かつてご指導を戴いたドイツ・ミュンヘン大学神学部教授ゲオルク・シュヴァイガー師の『教皇史』Seppelt/Schwaiger. Geschichte der päpste. München 1964. を参照している。ここに厚く感謝の心を献げたい。

鈴木宣明

【目次】ローマ教皇史

ローマ教皇史

聖ペトロ大聖堂の本祭壇上にある「ペトロスの座」(Cathedra Petri) のシンボル。ベルニーニ作。向かって右に使徒ペトロスと教父アウグスティヌス。左に使徒パウロスと教父アンブロシウス。

概観

教皇選挙会場（システィナ）

キリストの弟子たちと教会

イエスス・キリストは彼を信仰する人々のつどい、すなわち「教会」を建てて、彼自ら選んだ弟子たち、「一二人の使徒たち」に彼の福音を告げ、教会を導く権能と使命を与え、この「使徒団」に「一人の頭《かしら》」を定めた。イエススは使徒団における最高の指導権をもつ者としてシモンを任命し、彼に「岩」を意味する「ケファス」(ギリシア語でペトロス)の名を与えた。イエススは彼の教会の岩の礎としてシモン・ペトロスの職位を固めて、すべての人々に神の救いの家の間を開いたり閉じたりする「鍵」をもつ権能とすべての人々を神の救いの恵みに招く使命を与えたのである。

キリストの使徒たちは彼らの協力者を任命し、その彼らにイエススから受けた権能と使命を授けた。この使徒たちの協力者は「長老たち」、すなわち「司祭たち」と呼ばれ、「司祭団」を構成し、その彼らの中から指導職の権能と使命をもつ「司教」が現れた。司教たちは使徒たちの後継者として「司教団」を構成していった。司教や司祭と共に、教会における第三の協力者、すなわち「助祭」が使徒たちによって任命されている。

キリスト教会を担うこれらの「聖職者」によって、イエスス・キリストの福音が宣教され、人から人へ、民族から民族へひろまっていき、キリスト教会は国々の都市から都市へ、村から村へと組織されていった。およそ一世紀〜七世紀には、キリスト教はヘレニズム・

ローマ文化圏世界にひろがり、七〇〇年〜一三〇〇年には西欧諸民族共同体の精神的・文化的基礎となって進展し、一三〇〇年〜一七五〇年にはキリスト教西欧世界の解体から地球上の諸民族の世界宗教へと移行し、さらに十九世紀〜二十世紀には西欧キリスト教教会を超えた世界教会になってきている。キリスト教会史二〇〇〇年の歩みの中で、唯一のキリスト信仰共同体は、一〇五四年東西の両教会、すなわち「東方教会＝ギリシア教会＝ビザンティン教会」と「西方教会＝ラテン教会＝ローマ・カトリック教会」に分裂し、またさらに十六世紀の宗教改革以来ローマ・カトリック教会からプロテスタント諸派教会へと分裂してしまった。

教皇とは

今日およそ七億五〇〇〇万のローマ・カトリック教徒は教皇を「父」として尊敬している。教皇は「ローマ司教、イエスス・キリストの代理者、使徒の頭の後継者、全カトリック教会の大司祭、西欧の総大司教《パトリアルカ》、イタリアの首座大司教《プリマス》、ローマ管区の首都大司教《メトロポリタ》、ヴァティカン市国の元首」である。日本では「ローマ法王」あるいは「ローマ教皇」と呼ばれているが、「教皇」という呼称はギリシア語の「パパス」、ラテン語の「パパ」から由来し、「父」を意味している。この呼称はヘレニズム文化圏のキリスト教徒の間において大修道院長、司教、総大司教《パトリアルカ》にひとしく用いられていたが、ローマでは初めて司教リベリウスの墓碑に見られ、四世紀後半に語られるようになった。それは教皇レオ一世に宛てた東方教会の手紙の中にしばしば現れている。五世紀中葉以来、西方教会においても次第にキリスト教会の頭としてのローマ司教にギリシア的称号「パパ」を与えるようになって、ただローマ司教のみが「パパ＝父」、すなわち「教皇」と呼ばれるようになり、十一世紀末教皇グレゴリウス七世によって普遍化されるにいたった。

　ローマ教皇史上、五世紀末初めて教皇グレゴリウス一世が、コンスタンティノープルのビザンティン的「エキュメニカル総大司教《パトリアルカ》」という栄誉称号に対して、「神のしもべたち《セルヴス・セルヴォー》のしもべ《ルム・ディ》」と称したが、それこそ教皇職の真の姿を示している。キリスト教西欧中世において、教皇は「大司祭《ポンティフィクス・マクシムス》」、「キリストの代理者《ヴィカリウス・クリスティ》」と呼ばれた。それは使徒の頭ペトロスの後継者に対する全キリスト教徒の敬愛心と同時に、聖俗の対立における教皇職の権能の要求を現している。ローマ・カトリック信仰教義に従って、教皇は使徒の頭ペトロスの後継者として首位権、すなわち全教会を指導すべきイエスス・キリストから委託された権能と使命をもっているからである。

教皇選挙

　どのように教皇は選挙されてきたのだろうか。三世紀の史料が証言する如く、すべての司教たちと同じく、ローマ司教すなわち教皇もローマの聖職者と民衆によって選出された。

民衆はおそらく被選教皇に対する賛意権のみをもっていたと思われるが、後に歓呼をもって答えるようになった。本質的に男子キリスト教徒は教皇被選挙権を有し、一司祭も一信徒もこれを有しているが、多くは聖職者の中から選出されてきた。聖職者であっても、まだ司祭または司教でない被選挙者は、ローマ近隣の司教たちによって叙階された。

四世紀以降ローマ皇帝とローマ貴族は教皇選挙に干渉するようになった。四九九年教皇シンマクスによって、教皇選挙はローマ聖職者の投票の多数決によると定められた。五五五年〜六八四年、ビザンティン皇帝たちは教皇選挙の承認権を要求し、被選教皇は七三一年までビザンティン宮廷に選出報告をしなければならなかった。教皇ステファヌス三世(四世)は七六九年ラテラノ教会会議において教皇選挙権を聖職者のみとして一般信徒による選挙を禁止したが、彼らの政治的権力を排除できなかった。カール大帝の子、ルードヴィヒ敬虔王は八一七年教皇選挙の独立を承認したが、彼の子ロタール一世は八二四年のローマ勅令において教皇エウジェニウス二世から忠誠の誓いを要求している。ことに教皇史の暗い時代において、ローマ貴族たちが、その後ドイツ皇帝たちが教皇選挙に強く干渉し、教皇を解任したり、任命したりした。

一〇五九年の復活祭、教皇ニコラウス二世はラテラノ教会会議において教皇選挙権を枢機卿司教たちのみに限定し、さらに教皇アレクサンデル三世は一一七九年の第三ラテラノ公会議において三分の二の多数決と規定した。この教皇選挙改正後、三分の二の多数決を獲得するために、枢機卿たちに対する政治的干渉を招き、選挙決定を長引かせ、教皇空位時代をもたらした。この混乱を解決するために、教皇グレゴリウス十世は一二七四年第二リヨン公会議において教皇選挙細則を定めた。これによると、選挙投票は教皇選挙会《コンクラーベ》において行われ、進行しない場合には、枢機卿たちはローマ市議会に監視され、八日後初めて水とパンとブドー酒を口にすることができた。一三八九年、教皇ボニファティウス九世以来、枢機卿のみが教皇に選挙されることになり、教皇は枢機卿たちの中から彼らによって教皇選挙会において選出される。教皇クレメンス七世（一五二三）以来、イタリア人のみが教皇に選出されてきたが、現教皇ヨハネス・パウルス二世はポーランド人である。

　教皇を選挙しかつ教皇を補佐する重要な使命をもつ枢機卿は、教皇によって任命される。中世において枢機卿の数は枢機卿司教六、枢機卿司祭二八、枢機卿助祭一八であったが、その数はしばしば半分に減少することがあった。一五八六年、教皇シクストゥス五世は七〇人にした。教皇ヨハネス二十三世がこの数を一九五八年初めてふやし、今日枢機卿の数は国際的構成の中に一二九名にのぼっている。

　教皇選挙形式は、教皇選挙会出席の全枢機卿による「全員推挙」、枢機卿の全員一致によって枢機卿の中より一定数だけが先ず選出される。さらに秘密投票による選挙によって三分の二以上の多数決で教皇が選出される。聖ペトロ大聖堂のシスティナ聖堂・教皇選挙会場において午前と午後二回投票で三分の二以上の多数決がえられるまで教皇選挙会は続けられる。枢機卿たちは投票用紙をミサ聖祭に用いる聖杯《カス》に入れる。聖ペトロ大聖堂の広場に集まってローマ民衆は喜びの白煙を待っている。投票用紙の焼却の煙によって教皇選挙の結果が知られるのである。黒煙であれば未決を知らせ、白煙であれば新教皇の誕生を告げる。被選教皇がキリストの代理職を受諾し、新しい教皇名をとると、枢機卿団首席が直ちに聖ペトロ大聖堂のバルコニーからローマ民衆と全教会に新教皇を知らせる。まもなく新教皇が現れ、最初の教皇祝福をローマ市と全世界に与える。ちなみに同名の教皇は、教皇グレゴリウス三世（在位［以下同］七三一—七四一）以来、二世・三世と称し、十世紀〜十一世紀に慣例となり、さらに教皇セルジウス四世（一〇〇九—一〇一二）以来、すべての被選教皇が洗礼名ではなく、新しい教皇名を称するようになったのである。

教会の機構

現在全世界におけるローマ・カトリック教会は、教皇を中心にして九総大司教区《パトリアルカ》、五〇四教会管区首都大司教区《メトロポリタ》、二七三大司教区、およそ三四〇〇司教区、その他に組織され、それぞれの教区においておよそ三五万人の教区司祭たちが聖職に奉仕している。教皇の下に七〇九男子修道会があるが、その修道士の数は司祭と助修士を合わせておよそ二〇万人である。また一五〇二女子修道会の修道女数はおよそ一二五万人である。これら男女修道者は共にキリストの代理者である教皇に従って教会に奉仕している。

ローマ・カトリック教会の中央統治機構は「ローマ教皇庁《クーリア・ロマーナ》」と呼ばれるが、教皇直属の下にそれぞれの使命をもった種々の機関がある。教会と諸国家の外交関係のすべてを取り扱う「教皇庁国務聖省」、正しいキリスト信仰の遺産を守る「信仰教義聖省」、全ローマ・カトリック教会の司教たちのための「司教聖省」、東方教会との関係に当たる「東方教会聖省」、教会の秘跡と典礼を指導する「秘跡・典礼聖省」、その他「聖職者聖省」、「修道者聖省」、「信仰宣教聖省」、「列聖聖省」、「カトリック研学聖省」がある。またローマ教皇庁には、「使徒座内赦院」や「使徒座最高裁判所」の如き多くの上級裁判所がある。さらにその他多くの教皇直属委員会が設置されている。これらの諸機関と諸組織はつねに新しい時代と新しい世界と共に歴史的に変化し、また新たに改革されていくであろう。教会は世界史の中で「地の塩」、「世の光」（マタイオス五の一三〜一六）となるべきイエスス・キリストから委託された使命をもっているからである。

1 初代教会時代

ローマ・聖ペトロ大聖堂の天蓋に書かれているモザイク金文字の言葉

Tu es Petrus et super hanc petram aedificabo ecclesiam meam et tibi dabo claves regni caelorum.

(お前はペトロス，この岩の上に私の教会を建てる。私はお前に天の国の鍵を授ける。)

ペトロスの使徒職

新約聖書の証言

ローマへ旅するなら、誰も聖ペトロ大聖堂を訪れるであろう。三二四年頃コンスタンティヌス大帝が使徒ペトロスの墓の上に最初のバジリカ（大聖堂）を建てさせた。十六世紀ルネサンス教皇たちの願いによって、ブラマンテやミケランジェロの如きルネサンス芸術家たちが新たに今日の聖ペトロ大聖堂を造りあげた。聖ペトロ大聖堂に入るや、その天蓋に新約聖書の言葉がモザイクの金文字で書かれているのを仰ぎ見ることができる。

お前はペトロス、つまり「岩」である。この岩の上に私の教会を建てる。私はお前に天の国の鍵を授ける（マタイオス一六の一九）。

このキリストの言葉はカトリック・キリスト教徒にとって、使徒ペトロスとローマ司教職におけるその後継者の使徒職について最も重要な聖書証言である。カトリック信仰真理に従って、「教皇職」はイエスス・キリストの制定である。

およそ紀元前二四年頃、イエススがその弟子たちに尋ねた。

「お前たちは私を何者だと言っているのか」とたずねた時、シモン・ペトロスが、「あなたはメシア（生ける神の子）です」と答えた。するとイエススは言った。「バルヨナ・シモン、よく言った。お前にこのことを現したのは、地上の人間ではなく、私の天の父なのだ。私も言っておくが、お前はペトロス、つまり『岩』である。この岩の上に私の教会を建てる。死の力もこれに対抗できない。私はお前に天の国の鍵を授ける。お前が地上で禁止することは、天上でもそのまま認められる。お前が地上で許すことは、天上でもそう認められる」（マタイオス一六の一三〜二〇）

さらに聖書の証言は続く。

「……私はお前たちのために、信仰がなくならないように祈った。だから、お前は立ち直ったら、兄弟たちを力づけてやりなさい」（ルカス二二の三一〜三四）

復活のキリストは、岩であるペトロスに三度尋ねた。

「ヨハンネスの子シモン、私を愛しているか」と。

ペトロスは主の三度の問いに悲しくなったが、その意味を悟っていた。そして答えた。

「主よ、あなたは何もかもご存じです。私が愛していることを。あなたはよく知っておられます」

主は、彼の教会の指導を、倒れて再び立ちあがったペトロスに託した。

「私の羊を飼いなさい」（ヨハンネス二一の一五～一七）

もう一度、主はその昇天の前に使徒たちに励ましと慰めを与えた。

「私は世の終わりまで、いつもお前たちといっしょにいる」（マタイオス二八の二〇）

ローマ教皇史は、世界史と教会史の中で、キリストから使徒ペトロスとその後継者に託された使徒職への奉仕の歴史である。

ペトロスと使徒団

新約聖書における使徒概念と使徒職の構造は、今日、聖書学的・神学的に問われてきている。確かなことは、新約聖書において「使徒」という言葉には種々の意味があることである。パウロスにとって使徒概念は、復活の主との出会いによって直接に主から彼に託された福音宣教への奉仕使命と結ばれている。復活の主の霊が福音宣教への奉仕使命と教導職を与え、神の信仰真理を保証している。

ルカスにとって本来の使徒は「一二使徒」のみである。それ故、彼らは教会における最高の教導権をもち、彼らのみがイエスス・キリストの権能を継承し、神の霊を分から与えることができる。神の信仰真理を教え、信仰共同体を導く権能は彼らによって伝達される。彼らから、直接にせよ間接にせよ、教会的使命を継承している人々のみが「使徒的」に活動できるのである。「一二」の数はイスラエルの一二族と対比して新しい神の民を救いへと導くイエススの要求として現れた。このことが強く意識されるにつれて、使徒の呼び名は一二人に与えられた。「使徒伝統」あるいは「使徒継承」は一二使徒から発展した。新約聖書の司牧書簡によれば、パウロスも自ら使徒と称し、彼は使徒の権能をもって教会を導いている。

これらのことをまとめると、イエスス・キリストの信仰共同体の指導者の職もキリストの教会の教導伝統も使徒と結ばれているのである。使徒の権能は弟子たちを選び定めた地上のイエススにもどっていく。この使徒的権能によってキリスト教の信仰伝承もイエスス・キリスト自身にその源泉をもっている。キリストの教会における使徒職は教会にその本質、すなわち「イエスス・キリストとの一致」を保証している。

ペトロスはキリストの弟子たち、すなわち「使徒団」の中で特別な地位と使命をもっている。『共観福音』においてばかりでなく、『パウロスの書簡』においても『ヨハンネス福音』においても、ペトロスはキリストの第一の弟子として姿を現している。パウロスは、「ペトロスをキリストの信仰共同体の柱」（ガラティア二の九）と呼んでいる。ヨハンネスやヤコボスと共に、ペトロスはエルサレム使徒会議においてキリストの若い教会の信仰問題をめぐって代表的発言をしている。ペトロスの使徒職の優位は復活前のイエススにもどっていき、また復活後のキリストによって固められている。

イスラエルの中心、エルサレムにキリストの信仰共同体が造られ、その第一の指導者は使徒団の中でペトロス自身であった。エルサレム教会は最初のキリスト教宣教の中心、一二使徒は最初の宣教者であった。ペトロスはすでにエルサレムにおける使徒団の第一の使徒の地位をもっていた。彼は四四年へロデス・アグリッパ二世から逃れなければならなかったので、後継者を定めてその職をヤコボスに委ねている（使徒の宣教一二の一七）。ペトロス自身は他のところへ旅立って自由な宣教の使徒になった。最後に彼はローマへ行き、その地で殉教の死をとげた。

ペトロスの使徒職はどうなったか。ペトロスは使徒団の首位の権能をヤコボスに委ねたのか。使徒たちが伝達しうるのは、彼らの福音宣教の使命と信仰共同体への奉仕の権能であって、イエススによって個人的に選ばれ定められた使徒職ではない。ペトロスはこの使徒職を自分自身の中にもっていた。ペトロスにとって彼の個人的使徒職と使徒団の指導職とは固く結ばれていた。このペトロスの使徒職は彼にキリストから与えられたもので、彼と共にローマの殉教の死まで担われていった。ローマにおいて、このペトロスの使徒職の遺産は守り抜かなければならない信仰意識がつねに保たれていったのである。

ペトロスとローマ信仰共同体の始め

ローマ信仰共同体

どのようにローマに最初のキリスト教徒の信仰共同体が造られたか、歴史的に明らかではない。ともあれ非常に早くからローマには信仰共同体が存在していた。エルサレムにおける最初の聖霊降臨の日に、ローマからきたユダヤ人キリスト教徒が見られる（使徒の宣教二の一〇）。彼らが最初の改宗者かどうかわからないが、ローマ帝国の首都とそのすべての属州を結ぶ交流によって、キリスト教はローマに伝達されていた。ローマの信仰共同体の成立は東方から移住したユダヤ人キリスト教徒によっている。

その頃ローマにはラテン語を話す数多くの裕福なユダヤ人がいたことはキケロも証言している。彼らの増大する影響力はしばしばローマ住民と争いの原因となった。一九年頃四〇〇〇人のユダヤ人がローマからサルディニア島に追放されている。クラウディウス帝は四九～五〇年に全ユダヤ人をローマから退去させることを命令している。このことはローマにキリスト教徒がいたことを語るものである。パウロスはコリントでローマからきたユダヤ人キリスト教徒夫婦アキラスとプリスキラに出会っている。

パウロスが五七～五八年の冬か五八年の春、おそらくコリントから『ローマの信徒への手紙』を書き送った時、ローマ帝国の首都にはその信仰が全世界に言い伝えられている信仰共同体があった（ローマ一の八）。パウロスはローマの信仰共同体の一人一人に親しく呼びかけて挨拶を送っている（ローマ一六の一～一五）。使徒パウロスはローマへの福音宣教を願っている。

パウロスは『ローマの信徒への手紙』の中でペトロスについて一言も触れていない。ペトロスがすでにローマに滞在して、ローマの信仰共同体と親しく結ばれていたなら、パウロスはこのことを知らないはずはない。しかしこの矛盾は、ローマの信仰共同体の最古の伝統が変わることなくその教会創立をペトロスによると語っているならば、消えていく。

教会史家エウセビオス（三三九年没）が語るペトロスの二五年間のローマ滞在の報告は非歴史的である。エウセビオスは、ペトロスが四二年ローマに現れ、六五年殉教の死をとげたと記述している。エウセビオスは、ペトロスは四四年自由な宣教旅の使徒となって、特にパレスティナ以外の地において福音を告げていたにちがいない。彼は、他の使徒たちの如く、新しい信仰共同体を造って、その教会の指導者を任命するまでとどまっていた。

ローマにおけるペトロス

ローマ・聖ペトロ大聖堂のペトロス像（2世紀の作）

いつペトロスがローマへ行ったか知られていないが、彼は使徒会議が行われた四八～四九年エルサレムにいた。パウロスが『ローマの信徒への手紙』を書いた五七～五八年には、ペトロスはローマにはいなかった。ローマにおけるペトロスの殉教の死が、ネロ帝の下で六四～六七年に起こったことは確かである。

最初の旅する使徒たちの宣教方法を考えてみるならば、問題は明らかになるであろう。他の人々によって福音が告げられたところに使徒が行って、信仰共同体を造り、その中から教会の指導者を任命している。この任命は、キリストの信仰遺産を新たな人々に伝達するために、キリストによって授けられた使徒の権能によって行われている。キリスト信仰への教導権と司牧権は信仰共同体において結ばれていった。二つの職の権能は信仰共同体によって委ねられたのではなく、使徒たちによって与えられたのである。祈りと按手による、いわゆる「叙階の秘跡」によって授けられたのである。

かくて最古のローマ信仰共同体の伝統がその教会創立を使徒ペトロスによるとしても矛盾ではない。ペトロスがその最高の使徒の権能をもってすでに存在していたローマ信仰共同体を固め、使徒継承の基礎を置いたから、ローマ信仰共同体は使徒ペトロスを彼らの本来の創立者として見なしているのである。ペトロスがローマに現れてから、ローマ信仰共同体は彼らの教会の創立者を記念するようになっていた。このことは、ペトロスがローマにおいて教会を指導し、ローマで死んだことを前提としている。

このローマの使徒ペトロス伝統の歴史的論証は、種々の史料証言に基づいている。ローマ司教クレメンス（九〇／九二？〜九九／一〇一？）は九六年頃その『コリントの信徒への手紙』の中で、ネロ帝の六四年のキリスト教徒迫害との関連において、ペトロスとパウロスが殉教の死をとげたことを書いている。またアンティオキア司教イグナティオス（およそ一一〇没）がトラヤヌス帝（九二〜一一七）のキリスト教徒迫害の時、一一〇年頃そのローマへの殉教の旅の途上において書き送った『ローマの信徒への手紙』の中でも、ローマにおけるペトロスとパウロスに触れて、彼らがローマでもっていた使徒の権能について語っている。

イグナティオスが「ペトロスやパウロスの如く、私はあなたがたに命じない」(手紙四の三)と書いているのは、両使徒がローマ信仰共同体において特別な権能をもっていたことを示している。『ペトロスの手紙』(五の一三)や『ヨハンネス福音』(二一の一八)も、間接的にローマにおけるペトロスの殉教の死を前提としている。

かかるローマのペトロス伝統は二世紀にも証言されている。一七〇年頃コリント司教ディオニシオスはローマにおける大使徒の宣教活動と殉教の死について語っている。一八五年頃リヨン司教イレナイオス(およそ二〇二没)もペトロスとパウロスによるローマ教会の創立について記している(異端への反論Ⅲ・一の一・三の二)。テルトゥリアヌス(およそ二二五没)は、キリストの如くペトロスが十字架で、洗者ヨハンネスの如くパウロスは剣で処刑されたがゆえに、ローマ教会の栄光であるとたたえている。二〇〇年頃ローマ人司祭ガイウスはローマには大使徒たちの勝利の記念の墓があると誇っている。ペトロスの殉教地はヴァティカンの丘に、パウロスの殉教地はオスティアの道にあると、エウセビオスはその『教会史』の中で書いている(Ⅱ・二五)。むしろ沈黙の証言が遥かに重要である。キリスト教古代において、かかるローマ伝統に対する反証はなかった。

ローマ・システィナ聖堂本祭壇の使徒ペトロス

ヴァティカンの丘

一九四〇年に、ピウス十二世の勧めに従って、聖ペトロ大聖堂の地下の発掘が行われた。その研究調査によると、聖ペトロスの墓であるかどうか断定はできないが、ガイウスによって伝承されたヴァティカンの丘の墓地に関する古い伝統は実証された。これによって、この一世紀にさかのぼるヴァティカン丘の墓地に使徒ペトロスの墓があることが結論できるのである。

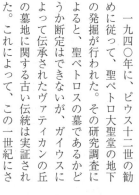

二世紀のローマのキリスト教徒は使徒ペトロスの埋葬地として墓参りをしていたが、この墓地の数多くの墓の中にペトロスの墓はどれか、正確に定めることは不可能である。六四年七月のネロ帝のキリスト教徒大迫害の時、キリスト教徒のおびただしい死体がこの墓地に投げ込まれたと思われるが、ローマのキリスト教徒はペトロスの殉教死体を発見して、新たに埋葬したと考えられる。

ローマ信仰共同体の最古の伝統は、この場所をペトロスの墓として敬ってきたのを単純に否定できない。この伝統に従って、四世紀初葉コンスタンティヌス大帝はこの墓地の上に聖ペトロ・バジリカを創建した。近代の始めに、コンスタンティヌス・バジリカが現代の聖ペトロ大聖堂に新たに改造された時、大使徒の伝統的墓はそのままであった。現代の研究発掘が、ペトロスの墓あるいはガイウスによって証言された勝利の記念碑を発見したのか、専門学者たちの議論は結論に達していない。このようにローマ教皇職は外的に実につつましやかな姿から我々の現代の姿へと発展してきた。この教皇史の発展は歴史における十字架の風雨をくぐりぬけてきたのである。

ペトロスの後継者と使徒伝統

ローマ司教

最初の三世紀のローマ司教たちについて確かなことは歴史的に知られていない。キリスト教における信仰共同体から教会組織への発展は、「キリストの使徒団」の後継者としての「司教団」が「司祭団」の上にあって信仰共同体の最高の教会職を担うようになっていった。ローマ司教たちのリストがキリストの使徒団の信仰遺産の継承者を伝えていることは学問的研究によって確かである。そのリストはキリストの使徒たちから絶えることなく続いている。

ローマ司教たちのリストを最初に残したのはリヨン司教イレナイオスである。彼は一八〇年頃その著作『異端への反論』を書いた。その中でイレナイオスはローマ司教リストのそれぞれの年代を記していないが、ペトロスとパウロスはローマ教会の創立者たる使徒たちとして司教たちの頭書に記されている。イレナイオスはローマ教会について次のように述べている。

幸いな創立者使徒たちはリヌスに司教職を与えた。彼にアナクレトゥスが続く。その後使徒たちの第三代目に幸いな使徒たちを見て彼らと親しく交わったクレメンスがローマ司教職を受け継いだ。このクレメンスにエヴァリストゥスが、彼にアレクサンデルが続いた。使徒たちの第六代としてシクストゥスが、さらに彼に続いて誉まれ高いテレスフォロスが任命された。ヒジヌスが続き、それからピウス、彼を継いでアニチェトゥスが選ばれた。彼からソテルになった後、今司教職を使徒たちの後の第十二代エレウテリウスが担っている。一つの同じ列と一つの同じ継承において、教会における使徒からの伝統と真理の宣言は我々に伝わってきている。

後世に作成された三世紀中葉までの最古のローマ司教リストの年代記は、歴史的に史料価値がないとはいっても、しかしそのローマ司教名の系列は価値がある。それは古い純粋な証言である。当時の史料が少なくても、ローマ信仰共同体が彼らの司教と共に教会一致の中心として存在し、使徒ペトロスとパウロスによって創立され指導されたローマ教会のある優位を全教会においてもっていることが知られる。

イレナイオスはローマ司教クレメンスがコリント教会に宛てた『コリントの信徒への手紙』に触れている。一世紀末コリント信仰共同体に不和が起こった。その時ローマ信仰共同体は司教クレメンスにコリント信仰共同体にいましめの手紙を送るようにと願っている。ローマ司教のいましめはコリント信仰共同体によって喜びと感謝の中に読まれている。このことは初代教会におけるローマ司教の高い権能を示している。

ローマ教会

またその数年後アンティオキィア司教イグナティオスは、『ローマの信徒への手紙』の中で、ローマ信仰共同体にキリスト教徒世界の最もけだかい信仰共同体として心から尊敬をはらい、「愛においても優れた地位をもっている」と述べている。このようなイグナティオスの賛辞の言葉は、ローマ信仰共同体が苦しむ他の信仰共同体につくした愛の奉仕をたたえているばかりではない。彼の言葉は、文意の関係から見て、使徒ペトロスとパウロスからキリスト信仰の遺産を受け継いだローマ教会が指導的な権能をもっていることを示している。

イレナイオスは、『異端への反論』の中で、使徒から伝えられたキリスト信仰の遺産の純粋さのために、ローマ信仰共同体とローマ司教の存在意義について語っている。彼は、その信仰遺産の生ける伝統が栄光輝く使徒たち、ペトロスとパウロスから受け継がれてきたローマ司教たちによって保証されているローマ教会の優位を見つめて、次の言葉で証言している。

他の国々のすべての教会はこの（ローマ）教会と、そのより力ある指導権のゆえに、一致しなければならない。ローマ教会において、すべての国々のキリスト教徒は使徒伝承を傷つけることなく保ってきているからである。（Ⅲ・三の二）

他のすべての教会よりも、より高い使命と責任をもっているローマ教会の指導権は使徒ペトロスとパウロス、特にキリストの第一の使徒ペトロスに基づいているからである。このことは、ローマ教会が使徒から伝えられたキリスト信仰の遺産を保つ優位性をもっていることを示している。かくて他のすべての教会は使徒伝承においてローマ教会と一致しなければならない。イレナイオスは、ローマ教会とローマ司教の法的・制度的首位権を心に思い浮かべていないとしても、特別なローマ教会の指導権を見つめている。

ローマ信仰共同体に、全教会におけるローマ教会の信仰指導的優位の意識がいかに強く生き生きしていたかは、ローマ司教ヴィクトル（一八九～一九八？）の強い姿によって知ることができる。ローマ司教ヴィクトルは、エフェソス司教ポリクラテスを中心とするアジアの諸教会に対してローマ典礼の習慣に従って復活祭をニサン月の十四日の日曜日に祝うようにと全教会からの破門宣言をもって要求した。イレナイオスはローマ司教ヴィクトルのきびしい態度を和らげるように心から願っているが、それはイレナイオスが他の司教たちに命令するローマ司教の権能を承認していたことを示している。

モリキリアヌスは初めて「マタイオスによる福音一六章の一八～二〇節」を信仰と教会のためにペトロスの指導権の優位の基礎づけとして取りあげ、それをペトロスの使徒職と結びつけた。かくてこのペトロスの権能は使徒から伝えられたキリスト信仰の遺産の伝統と継承とに結ばれているすべての教会に及ぶのである。新約聖書の「マタイオスによる福音一六章の一八～二〇節」は、全教会におけるローマ司教の首位権を論証する聖書的基礎とされるようになった。

教会分裂

三世紀初め、ローマ教会において最初の分裂問題が起こった。ヴィクトルの後継者、ローマ司教ゼフィリヌス（一九九～二一七？）の時、サベッリウスとクレメネスは二一五年頃聖三位一体の神について誤まった神学思想、「聖父と聖子と聖霊はただ唯一の神の三つの表現の形式である」と説いた。彼らは、いわゆる「唯一神の表現論」によって、聖三位一体の神におけるそれぞれの三つの神なる位格《ペルソナ》を否認している。彼らはこの神学思想をローマ教会の中にひろめようとした。

この表現論的唯一神主義の信奉者に対して、学識豊かなローマ人司祭ヒッポリトゥス（二三五没）が反論したが、ついに彼自身もこの神学思想にとらわれてしまった。ヒッポリトゥスはローマ司教カリストゥス（二一七?〜二二二）から好意を受けていないと考え、心憎く思った司教を誤謬論の親派と非難した。ヒッポリトゥスはその著作『哲学諸問題《フィロソフメナ》』においてカリストゥスに対して悪い中傷を投げつけ、ローマ信仰共同体にも彼を攻撃させようとした。

「ローマ司教カリストゥスは信徒の肉の罪を寛大に許している。彼は他の宗派からキリスト教会に改宗した人々を罪のつぐないもなしに受け入れている。また彼は、叙階の秘蹟後結婚した聖職者をそのまま教会職にとどめている。貴族の女性と殺害を犯した奴隷との結婚を認めている」とヒッポリトゥスは非難している。かかる非難の言葉から、カリストゥスはヒッポリトゥスの厳格主義と対立して、時代の社会状況を憂慮しながら、神の憐れみの中に教会倫理の実践を願っていたことが知られる。

ローマ法によって許されなかった自由人と不自由人との結婚の承認はキリスト教精神に

基づくことであった。カリストゥスはサベッリウス派を異端として教会から閉め出したが、分裂は彼の後継者ウルバヌス（二二二～二三〇）とポンティアヌス（二三〇～二三五）の時代まで続いた。マクシミヌス・トラクス帝のキリスト教徒迫害の中で、ポンティアヌスとヒッポリトゥスはサルディニア島に追放されて死んだ。ヒッポリトゥスは教会と和解したので、ポンティアヌスと共に殉教者とたたえられている。

迫害の嵐の中で

ポンティアヌスは島流しの中で二三五年九月二十八日ローマ司教職を退いた。彼の後継者アンテルス（二三五～二三六）は数週後に世を去った。デチウス帝の計画的なキリスト教迫害のさなかに、ファビアヌス（二三六～二五〇）が殉教の死をとげた。彼によってローマ市は七つの教区に分割された。ローマのキリスト教徒数が増加し、教会の組織化が必要になったのである。

その一年後コルネリウス（二五一～二五三）がローマ司教に選出された。コルネリウス時代のローマのキリスト教徒数はおよそ三万人ほどであった。当時ローマの聖職団は四六人の司祭、七人の助祭、七人の副助祭そして九四人の下級叙階者がいた。彼らはみな唯一の司教の下にローマ教会の聖職団を構成していた。

デチウス帝はこのローマ教会組織を破壊しようとした。コルネリウスはローマの信仰共同体の中に起こった新しい問題に直面した。デチウス帝のキリスト教徒迫害のさなかに信仰を棄てた人々の処置が論争の起因となった。コルネリウスは、信仰を棄てて、再び改心した信徒を寛大に教会に迎え入れた。

これに対して、ローマの信仰共同体において神学者として重きをなしていた司祭ノヴァティアヌスは厳格な態度を主張した。彼は、司教が信仰をゆるめ、神の真理をないがしろにしていると非難して、対立司教となった。かくてローマの信仰共同体に分裂が起こった。ノヴァティアヌス主義派は厳格主義的な聖性理想を宣言し、すべての大罪の人々を閉め出し、聖なる人々の教会として対立教会を組織した。彼の信奉者は純粋《カタロイ》な人々と自称した。かかる主義思想は教会史において幾たびとなく繰り返し現れている。同じような理想をかかげて、ノヴァティアヌス主義から現代にいたるまで、「罪人の教会」に対して激しい批判と攻撃が行われてきた。しかし教会は純粋なエリートの集団ではなく、神の救済と恩恵によって生きる罪人の愛の共同体であることを深く自覚してきたのである。

再洗礼をめぐって

ノヴァティアヌス主義派は、二五一年六〇人の司教たちが集まって開催されたローマ教会会議によって異端判決を受けたにもかかわらず、東方世界にひろがっていった。コルネリウスの後継者ルチウス（二五三～二五四）も殉教した。

ステファヌス（二五四〜二五七）がローマ司教座についたわずかな平和期に、「異端者の洗礼有効問題」、すなわち、「異端者が授けた洗礼は有効であるかどうか」「改心した異端者は教会において再洗礼を受けなければならないかどうか」、この問題をめぐって激しい論争がまき起こった。アフリカや小アジアでは、教会に帰った改心者に洗礼を授けることが行われていた。テルトゥリアヌスや種々の教会会議の決議は再洗礼を要求していた。カルタゴ司教キプリアヌス（二五八没）を中心にして二五五年と二五六年に開催された二つのアフリカ教会会議はこの再洗礼を承認した。

この決議がローマに報告され、ローマ司教ステファヌスは再洗礼を禁止し、異端者は改心のしるしとして聖書に手を置き、教会への復帰を誓うことを命じた。ステファヌスは使徒ペトロスとパウロスの権能に基づくローマ司教の指導権に立って、再洗礼が使徒的伝統と一致しない新しいことであると主張した。

しかしキプリアヌスとその一派やカイサレア司教フィルミソアノスは再洗礼を授けることをやめなかった。それに対してステファヌスは教会破門をもって迫ったが、二五六年のアフリカ教会会議は再洗礼の立場を固持したので、ローマとアフリカの間に教会分裂が起こった。ローマ司教の立場を支持したアレクサンドリア司教ディオニシオスがローマとアフリカとの和解のためにつくしたが空しかった。ステファヌスの死後ローマとアフリカとの教会関係は小アジアの司教と共に全教会的一致へと帰ることができた。

教会一致を求めて

ヴァレリアヌス帝によって開始されたキリスト教徒迫害の嵐の中で、ローマ司教シクストゥス二世（二五七〜二五八）は殉教した。またキプリアヌスも殉教の栄冠をえた。かくて異端者論争問題は後退してしまった。重大な諸問題、特に秘跡の有効性はその授与者の正しい信仰と真の聖性に依存するかどうか、という問題は後になって決定的解決を見ることになる。

これらの問題提起は、異端者の洗礼の有効性をめぐる問題であるばかりではない。その重大性は、異端者論争との関連において、特にキプリアヌスによって提出された、全教会におけるローマ司教の権能、すなわち首位権をめぐる問いが論争されることになったことにある。ローマ司教の首位権に対するキプリアヌスの思想と態度に関しては、彼は純粋な司教の権能を主張する代表者でもない。また彼は、ローマ司教たち、ヴィクトルやカリストゥスが要求した全教会における最高の権能に反対する証人でもない。

しかし、キプリアヌスの思想と態度はローマ司教の首位権についてつねに一致していない。彼に従って、司教はその指導する地域において独立であり、そして神に対してのみ責任をもっている。誰も司教たちの指導する地域を自由にする権利をもっていない。しかし他方では、キプリアヌスは『教会一致について』の中でマタイオスによる福音一六章の一八節を引用して、ペトロスが他の使徒たちに与えられた賜もの、源泉としての首位権をもっていることを述べ、ローマ教会のより高い地位を承認している。

彼は教会一致のしるしを基礎として、キリストの使徒ペトロスの上に築かれた教会一致を考えている。そのようにローマ教会、すなわち使徒ペトロスの教会は全教会における司教たちの一致のしるしであり、源泉である。しかしこのキプリアヌスの思想には、全教会に対するローマ司教座の現実的権能は含まれていない。キプリアヌスの語る首位権の思想は、ローマ司教の首位権の神学的理論構成に貢献することになっていった。

三世紀後半のローマ司教たち

三世紀後半のローマ司教たちの歴史に関する史料はきわめてわずかである。ローマ司教座はシクストゥス二世後ほぼ一年間空位であったが、ディオニシウス（二六〇～二六七）が継いだ。彼はキリスト教徒迫害の苦しみを体験することなしに、破壊されたローマ教会の再組織に着手し、司祭団を固めた。ディオニシウスも、聖三位一体の神をめぐるサベッリウス主義派の誤謬論と対決しなければならなかった。

この表現論的御父一神論に対する神学的論争において、アレクサンドリア司教ディニシオス（二六四／二六五没）は誤謬論に落ちてしまった。彼は、御父と御子の区別を主張して、御子は御父の被造物であるとし、神の位格《ペルソナ》の同一本質に疑いをもったのである。三つの位格《ペルソナ》、御父と御子と聖霊における唯一の神に関する問いを人間の知性で明らかにするのには、神学的思弁が必要であった。

幾世紀を通じて古代の公会議はこの困難な問題に取りくまなければならなかった。アレクサンドリア教会の司祭たちは、彼らの司教ディオニシウスの御子従属論的誤謬についての嘆きをローマ司教に訴えた。かくてローマ司教ディオニシウスは、東方世界で起こった聖三位一体の神をめぐる問題の解決のために教会会議を開催した。

アレクサンドリア教会宛の二つの手紙の中で、ローマ司教は使徒伝承の信仰真理について説明している。ローマ司教の憂慮は、御子従属主義とサベッリウス主義の誤謬思想の間に神の同一本質と三つの位格《ペルソナ》の正しいキリスト教信仰を保つことにあった。アレクサンドリア司教ディオニシウスはサベッリウス主義に反論し、正しい信仰真理を守ろうとして、御子従属主義に落ちてしまったと思われる。ローマ司教はこの危険からアレクサンドリア司教を守ろうとしたのである。

この二つの手紙のほかに、ローマ司教は苦しみの中にあったカッパドキィアのカイサレア信仰共同体に援助金を約束し、牧者的慰めの手紙を書き送っている。このようにローマ司教ディオニシウスは、ステファヌスとは別な形で愛とさとしをもってローマ司教座の権能を示している。

ディオニシウスに続くローマ司教たちについては詳しく知られていない。フェリクス

（二六八／二六九?〜二七三／二七四?）、エウティキアヌス（二七四／二七五?〜二八二／二八三?）、カイウス（二八二／二八三?〜二九五／二九六?）は比較的平和な時代に彼らのローマ司教職の使命を果たしている。

マルチェリヌス（二九五／二九六?〜三〇四）はディオクレティアヌス帝による最後のキリスト教徒大迫害に直面した。四世紀末ドナトゥス主義派はローマ司教マルチェリヌスが迫害のさなかに信仰揺らぎ、ローマの神々を礼拝したと述べているが、それをアウグスティヌスは強く否認している。しかし『教皇列伝』は、マルチェリヌスがローマの神々を礼拝したが、数日後自分のキリストへの信仰の弱さを悔いたので、ディオクレティアヌス帝の怒りにふれて処刑されたと記している。古い教皇名簿録にはマルチェリヌスの名が見られない事実から、彼の思い出にはある悲劇があると言える。おそらく平和の後、突如起こったキリスト教徒大迫害に直面して死の不安と恐怖からローマ司教は信仰心の揺らぎをもったのであろう。多くのキリスト教徒が激しい大迫害に耐えることができなかった。

悲運を越えて

数年間ローマ信仰共同体は新しい司教を選出できなかったが、マルチェルス（三〇七?〜三〇八?）がローマ司教になった。彼は国家的キリスト教徒大迫害で打ちくだかれたローマ教会の再組織に従事した。彼は、信仰を棄てた人々が教会への復帰を願った時、厳しいつぐないを要求した。彼は皇帝によって司教座から退位させられ、追放の中に死んだ。同じ悲運は、彼の後継者エウセビオス（三〇八／三〇九？／三一〇？）をもおそい、彼はシチリアに追放された。激しい迫害が終わってから、平和がローマ司教座に訪れ始めた。

四世紀までキリスト教はエルサレムの最初の小さい信仰共同体から全ローマ帝国へとひろがっていった。東方世界のペルシア国境からブリタニアまで、ライン河とドナウ河のローマ帝国諸都市からアフリカの荒野まで、それぞれの司教の司牧の下に、キリスト教徒の軍人や兵士、教養人や奴隷人、さらに家族や民族の信仰共同体が形成されていった。

ローマ帝国の国家組織はキリスト教の発展的ひろがりを促進した。教会組織は国家組織をモデルにして造り上げられていった。帝国の首都ローマの文化的栄光と政治的権力は、この都市の司教の上にも及んだにちがいない。疑いなく、ローマ司教の首位権の発展においては種々の外的状況が働いている。教皇史の最初の諸世紀、ローマ司教たちは、首都ローマと結ばれた優位において、ローマ司教職の中に使徒ペトロスの後継者が存在することを全教会に対して主張している。このローマ司教の権能は事実上行使され、特にキリスト教の信仰真理をめぐる諸問題において、全教会によって承認されるようになっていった。ローマ帝国はキリスト教会に信仰の自由を与えなかった。教会は忍耐しなければならなかった。だがディオクレティアヌス帝の大迫害が多くのキリスト教徒の生命を奪い、ローマ教会を破壊した時、すでに新しい時代転換が開始されつつあった。

コンスタンティヌス転換とローマ信仰共同体

キリスト教皇帝

コンスタンティヌス大帝（三〇六〜三三七）は、三一二年十月二十八日皇帝権をめぐるミルヴィウス橋での戦いに勝利をえた。彼のキリスト教への改宗は教会に新時代をもたらした。これまで禁止され、迫害され、破壊されてきた教会が、今や突如ローマ皇帝自身によって尊敬され、優遇され、保護されるようになった。教会は完全に新しい世界状況を迎えたのである。

コンスタンティヌス大帝はキリスト教の帝国化と公的生活のキリスト教化を試みるようになった。このことは教会の指導者たちに喜ばしい希望となった。長い間悲しみと苦しみの中に希望していたキリストの愛の支配の実現のためには、何もさまたげるものはないかのように思われた。コンスタンティヌス大帝は新しいキリスト教世界の開拓者になり、ローマ帝国のキリスト教皇帝の下に神の救済計画における新しい摂理的使命を担うことになった。

同時代の教会史家カイサレアのエウセビオスは、その『コンスタンティヌス帝伝』の四六章において、大帝をキリスト教的支配者の原型として描写し、彼と共に教会の新しい時代の訪れを見ている。エウセビオスはニカイア公会議の最終日に催された饗宴について語っている。三二五年七月二十五日、コンスタンティヌス大帝は彼の治政二〇周年を祝って、ニカイア宮殿の大饗宴に公会議の教父たちを招待した。「皇帝の招待者リストにはどんな司教ももれていなかった。この盛観はキリストの国の絵の如く、すべてはただ夢のようでまさに現実ではないかのように思われた」と記している（コンスタンティヌス帝伝Ⅲの一五）。

新しい時代転換

すべての司教たちはキリスト教徒迫害の不安から解放され、かつ皇帝の優遇によって保証され、彼らの司牧的使命に奉仕できることを感謝した。その数においてまだ少ないキリスト教徒は自由に公的生活において信仰宣言をし、神礼拝を祝うことができた。迫害の長い風雪に耐えて強くなったキリスト教徒の生命的魅力がまもなく現れていった。襲いかかった死の不安はキリスト教徒たちの心を鍛え、彼らの信仰の力はその実践において気高い倫理と結ばれていた。どの信仰共同体にもキリストへの信仰の揺るがぬ証人がいた。

キリスト教徒のひろやかな愛の活動は教会内の人々にかぎらず、すべての社会や民族の相違を越えてすべての人々に向けられていた。キリスト教には社会的・民族的相違がなかった。キリストの福音はどんな階級にも人種にもひとしく語りかけられ、すべての人々が普遍的に兄弟姉妹であった。まもなく一般民衆が、たとえ純粋に信仰を求める動機からではない人々もいたとしても、教会に自由に入ってきた。

しかし四世紀初葉の時代は、人心が神を求める強いあこがれに燃えていたことは明らかである。キリスト教徒迫害の中で、神の問題や人間の問題が人心を深くとらえていた。まさしく神の問題は時代の真剣な問いになっていた。コンスタンティヌス大帝のキリスト教への信仰決定は、教会内にも、教会外にも光明と希望を与えた。教会は社会民衆の問題に献身し、新しい教会組織や宣教方法を発展させ、信仰要理を著し、キリスト教教育を促進し、非キリスト教の思想や精神との出会いと克服に努めていった。かかる状況から四世紀のギリシア教父たちの神学が開花した。

コンスタンティヌス大帝の教会政策

コンスタンティヌス大帝自身の宗教性はどうであったか、これまで多くの論争がなされてきた。彼のキリスト教への改心は純粋に精神的・宗教的動機からではなかったであろう。彼は、その言葉によれば、迫害時代におけるキリスト教徒の勇気と信念に深い印象を感じていた。しかしキリスト教精神が普遍的であることが、何よりもローマ帝国の世界支配を求める皇帝の心を魅きつけたと言える。彼は全キリスト教信仰共同体の基礎の上に新しい帝国政策を実現しようとした。彼が初めてキリスト教を大きくしたのではなく、彼が迫害

シルヴェステル1世（314～335）とコンスタンティヌス大帝（ローマのクアトロ・コロナーティ聖堂，13世紀の作）

の中におけるキリスト教の偉大な内的生命力に深く印象づけられたので信仰の自由を承認し、そしてキリスト教を採用したのである。

特に彼は福音から知ったキリストの姿に魅了されて、キリストにおける世界の救済そして死から復活への真理、永遠の生命への道を説くキリスト教的福音の新しい思想に心奪われた。しかしまた、福音の倫理的実践の道が彼をキリスト教へと導き入れた。彼の深遠かつ遠大な政治的感覚は、帝国の不滅な確立と新しい国家秩序のために、キリスト教の信仰と倫理を生かす意義を認識したのである。しかしそこには危険な可能性がひそんでいた。教会は国家との緊密な関係を結び、国家の奉仕的道具になる危険にさらされていった。

この問題については古代から現代まで論争されてきている。すでにコンスタンティヌス大帝時代において、様々な形で問われ答えられている。ある人々は国家のキリスト教化を喜び、他の人々は教会の国家化を憂いている。中世以来いつも教会改革において、コンスタンティヌス大帝前史における初代教会の純粋な信仰生活が理想とされ、その生ける再現が追求されたのである。十一〜十二世紀の改革者たちにとって、現実の教会改革はただ最初の三世紀の初代教会への復帰にあった。四世紀における主な非難は、キリスト教徒を迫害から解放し、教会を国家に結びつけて、キリスト教に危険な贈物をしたコンスタンティヌスの人格に対して向けられている。

大帝は教会の司教たちと親しく交わり、自分自身を兄弟司教と称している。彼がニカイア宮殿の饗宴において公会議の司教たちと喜びを分かち合ったとしても、彼は古いローマ伝統に生きる皇帝であった。彼は教会の司教団を自分の官職の人々の如く見なし、国家的命令に無条件に従うことを要求した。ニカイア公会議の中心的神学者アタナシオス（三七三没）の如きは、皇帝の命令を拒絶して、三三五年トリエルに追放の所罰を受けている。コンスタンティヌス大帝の子コンスタンティウス帝はさらに強く教会生活に干渉するようになった。皇帝たちは、彼らの皇帝職と人格から、ふさわしい権能をもっていなくても、信仰問題をめぐって神学的決定権を奪ったのである。

国家と教会

このように皇帝権は国家と教会の関係において教会をつねに苦しめることになった。多くのキリスト教徒は国家政策に献身するようになり、教会は国家と同一視される危険をはらんでいった。これまで国家から絶縁していた教会は、急速に国家へ開放された文化的楽観主義へと変化していった。人々はキリストの宣教使命と国家的公生活とを一致できると考えた。コンスタンティヌス大帝自身が、司教や司祭に国家における権利と権能を与えながら、国家と教会とを結びつけた。彼らには国家との関係における体験が欠けていた。彼らはキリスト教徒迫害時代に勇気をもって国家に対抗し、権力的暴力を忍耐したが、まだ好意的国家というものには出会ったことはなかったのである。彼らは危険な可能性を知らなかった。かくて教会の国家化と世俗化の不幸が起こっていった。

新しいキリスト教徒の中には、政治的栄誉心からキリスト教へ改宗した多くの信仰なき時代迎合主義者がいた。教会の司教の地位が社会的に高まり、政治的に影響力をもつようになるにつれて、キリスト教信仰精神をもちながらも国家政治への参加を願う権力家族の子弟が、司教団に加わる危険が大きくなった。かかる時代状況の中で宣教活動や神学的努力、また修道生活の開始と発展が行われ、かつ多くのキリスト信仰の聖なる証人たちが現れた。多くの弱さと欠陥をもっているコンスタンティヌス大帝時代は未来へ向かう精神的ダイナミズムと信仰の生命力に満ちた教会史の一時代を築いている。

古いローマと新しいローマ

コンスタンティヌス大帝時代の歴史的転換に考察の眼を注ぐことは、その時代の司教たちばかりでなく、教皇職の発展を知るために重要である。コンスタンティヌス大帝の治政は、ローマ帝国の古い首都ローマに大きな歴史的変化をもたらした。大帝は初めからローマに郷愁を抱いていなかった。ローマ帝国の政治と経済の重点は東方にあった。大帝自身はニコメディアのディオクレティアヌス帝の宮廷において成長した。ローマの元老院と貴族は皇帝の権力を心喜ばず、古いローマ伝統を固守していた。皇帝がキリスト教に接近するにつれて、ローマにおいては、ローマ古来の伝統的国家宗教が主張された。

コンスタンティヌス大帝は異教から離れていくにつれて、古い異教的帝国首都の代わりに新しいキリスト教的首都を東方に造ることを願った。三二六年大帝は治政二〇周年記念式典をローマで祝った。ローマ元老院が軍隊をひきいてカピトルの丘に荘厳な供物行列を行った時、大帝自身はその行列に参加しなかった。そのために、大帝はローマ元老院と民衆の憎しみを喚んでしまった。

この頃コンスタンティヌス大帝は使徒たちの墓の上に、ヴァティカンの丘には聖ペトロ・バジリカを、オスティアの道に聖パウロ・バジリカを建てさせた。聖ペトロ・バジリカの建築にさいして、ローマの古い墓地を地ならしさせたことは、ローマの伝統を愛する人々の憎しみをかりたてた。同じ頃さらにコンスタンティヌス大帝はローマ信仰共同体に尊敬されていた殉教者ラウレンティウスの墓の上に記念バジリカを建てさせた上に、キリスト教徒と親交のあるアチリウス・セルヴェルスをローマ市の長官に任命した。

三二六年以来コンスタンティヌス大帝はもはや古いローマに入ろうともせず、ボスポロスのほとりのビザンティオンに新しいローマの建設を始めた。三三〇年五月十一日、新しい宮殿はコンスタンティノープルと命名された。かくて新しいキリスト教的ローマ、コンスタンティノープルが古い異教的ローマに対立するようになった。西方から東方への重点の移動は両都市におけるキリスト教の信仰共同体にも影響をおよぼすようになった。皇帝都市の栄光はコンスタンティノープル司教と信仰共同体の上に輝き、古いローマの司教は次第に政治的にも教会的にも後退していった。

しかしコンスタンティヌス大帝自身は古いローマの司教にある全教会を指導する優位の地位を奪うことはしなかった。逆にローマ教皇職は次の時代に独立し、自由に発展していった。他方において、コンスタンティノープル司教はビザンティン皇帝権の尊大な国家教会的権威に従い、皇帝優位主義の皇帝支配における宮廷司教の如き存在になっていった。この歴史的変遷は西欧キリスト教世界とローマ司教の首位権の発展に決定的な影響をおよぼしたのである。

自由に発展していくローマ司教の首位権が教会の自由を国家的権威から救い、西欧キリスト教世界における教会の独立を守ってきたことを看過すべきではない。皇帝座がビザンティンに移って初めて可能になったローマ教会の自由のための戦いなしに、西欧キリスト教世界にとっても教会の独立の発展への道はなかったであろう。西欧キリスト教世界の教会・国家二元主義は近代まで続くが、それはコンスタンティヌス大帝の新しい歴史的転換の中に源泉をもっている。

コンスタンティヌス時代のローマ司教たち

アフリカ教会の分裂

ミルヴィウスの戦時の頃は、ミルティアデス（三一〇／三一一?〜三一四）がローマ司教であった。コンスタンティヌス大帝はその勝利に対する感謝のしるしとしてローマ司教にラテラノの土地を贈った。皇帝自身が救い主をたたえてバジリカ、洗礼堂、司教館を建てさせた。その後まもなく大帝はミルティアデスに重大な問題を委ねた。三一二年カルタゴにおいて、司教メンスリヌスの後継者をめぐって争いが起こった。多数派によって司教に選出された首席助祭チェチリアヌスに対して、少数派は読師マイオリヌスを対立司教として選出した。アフリカの司教たちはカルタゴ司教選出問題をめぐって集まり、少数派の立場を支持した。少数派はチェチリアヌスの司教職を否認し、彼の司教叙階は無効であると宣言した。それは、彼の叙階授与の司教たちの一人、アプトゥンガのフェリクスが迫害の中で信仰に揺らぎ、有効な秘跡授与権をもっていないとされたからである。

アフリカ教会の伝統に従って、アフリカの司教たちは「司教叙階の有効性は秘跡授与者の聖性に依存する」と主張した。この神学的主張は、すでにローマ司教ステファヌスとカルタゴ司教キプリアヌスとの異端論争において決定的に否認されていた。七〇人のアフリカの司教たちが集まって開催されたカルタゴ教会会議は三一三年夏、対立司教マイオリヌスを後継者とした。ドナトゥス（およそ三五五没）の見解が採択され、決議された。かくて彼の名をとって、この運動は「ドナトゥス主義」と呼ばれるようになった。

この時コンスタンティヌス大帝は、彼の信頼するイスパニア・コルドバ司教オシウスの勧めに従って、キリスト教徒迫害の中で破壊された教会の再建のために多大な献金をしようと考え、このことをカルタゴ司教チェチリウスに知らせた。ドナトゥス主義派はこのことを不満に思い、アフリカ教会の対立問題について皇帝の決裁を求めた。皇帝は初めてアフリカ教会の分裂危機を知った。ドナトゥス主義派は、いずれの立場にも属さないガリアの司教たちによる決裁を皇帝に提案し、願った。

コンスタンティヌス大帝は直ちにローマ司教ミルティアデスに仲介団を組織するように

依頼した。ローマ司教は三一三年アルル司教マリヌス、オータン司教レティチウス、ケルン司教マルテルヌスのほかにローマ周辺の一五名のイタリア司教たちを召集した。チェチリウスとドナトゥスはそれぞれ一〇人の司教たちと共にローマに召喚された。十月二日ローマ教会会議が開催され、ローマ司教ミルティアデスは教会会議においてドナトゥス主義派の訴えを否認し、チェチリアヌスの叙階の有効性を表明した。これに対してドナトゥス主義派は皇帝に控訴した。かくて皇帝はローマ教会会議の決裁を廃止させ、三一四年ガリアのアルルにおいて新たな審議を行うように命じ、自ら選出した西方教会の司教たちをこの会議に召集した。それは皇帝による最初の教会会議であった。

皇帝権威によって

その間にローマにおいては、シルヴェステル（三一四～三三五）がローマ司教になった。彼もコンスタンティヌス大帝によってアルルに呼ばれた。しかしローマ司教自身は姿を見せず、彼の特使を派遣した。シルヴェステルはその欠席をもって、皇帝によるローマ教会会議の決裁無視に対してローマ司教の権能を主張したのか、あるいは皇帝権威による教会会議の召集に対して使徒的権能を宣言しようとしたのか、それは明らかではない。しかしこれ以後ローマ司教はローマ司教自身が召集しない、かつローマで開催しない教会会議には出席しないようになるのである。皇帝によって召集された最初の一〇〇〇年間の公会議には、ローマ司教である教皇は個人的に出席していない。その中にローマ司教の使徒的権能の無言の主張がうかがわれる。

アルルに集まった西方教会の五〇名の司教たちはローマ教会会議の決裁を是認して、ローマ司教にアルル教会会議の決定を報告した。否認されたドナトゥス主義派は激しい不穏な行動をとるようになった。ついに三一七年彼らに対してコンスタンティヌス大帝は軍隊の力をもって押さえようとした。ドナトゥス主義派は過激化し、アフリカ教会は分裂してしまった。一〇〇年後のアウグスティヌス時代にも、アフリカのおよそ四〇〇人のカトリック司教たちに対して、教会分裂のままにドナトゥス主義派は抵抗している。四一一年ヒッポの司教アウグスティヌスが真剣に取りくんだ和解の努力も成功しなかった。

ミルティアデスとシルヴェステルはコンスタンティヌス大帝の教会政策に基本的には賛同しなかった。五世紀に由来する『シルヴェステル伝説』は自由詩に基づいているが、「教会の自由」が叫ばれている。最初の公会議、三二五年のニカイア公会議にローマ司教シルヴェステルは出席しなかった。彼は高齢のためと称して、二人の単純なローマの司祭たちを特使として派遣した。公会議は信仰真理の重大な決定、特にアリウス主義の否認宣言と共に、コンスタンティヌス大帝の意志に従って教会組織を新たに定めることになった。

教会組織

ローマ帝国の属州《プロヴィンチア》組織は教会組織の基礎になった。各州の教会会議が将来それぞれの司教たちの選出を行い、そして各州の首都の司教が教会会議によって選出された承認権と拒否権をもつことになった。ローマ司教がその教会領域において行使していた古い慣習に基づく権能は、アレクサンドリア司教にもアンティオキィア司教にも与えられた。かくて「総大司教職《パトリアルカ》」は、ニカイア公会議によって承認された。公会議の教父たち、あるいは代理者たちの署名はローマ帝国の属州の順位秩序に従って、公会議の決議において行われた。この決議はコンスタンティヌス大帝によって帝国法令として全ローマ帝国に布告された。ローマ司教の二人の特使たちの署名は、おそらく公会議の議長を務めたコルドバ司教オシウスの署名のすぐ後に行われた。ローマは第一位に置かれた。それゆえローマ総大司教《パトリアルカ》は、新しい総大司教《パトリアルカ》たちの中で、第一位であった。

当時コンスタンティノープルについては何も語られていなかった。ローマ司教の首位権の要求をめぐる問題においては「ローマ司教かつローマ教会管区の首都司教」「西欧のラテン教会の総大司教《パトリアルカ》」「ローマにおける使徒の後継者かつ全教会の上に権能をもつペトロス職の所有者」としてのそれぞれの地位を正しく区別すべきである。ローマ司教はその首位権の表明において、「司教」として、「総大司教《パトリアルカ》」として、あるいは「使徒ペトロスの後継者」として、その権能を行使したかどうかを区別すべきである。しかしローマ司教権能と総大司教《パトリアルカ》権能とを互いに分離することは最も難しいことである。

コンスタンティノープルと新しい状況

　コンスタンティヌス大帝が帝国政治の座を、古いローマからコンスタンティノープルと改名した古いビザンティオンへ移した時、新しい状況が起こった。帝国政治の中心が東方へ移行したことによって、コンスタンティノープルの政治的権力の影響が増大し、古いローマの政治的意義は沈んでいったのである。

　この政治的交替は両都市の司教たちの存在意義の上におよんでいった。新しい帝国首都の司教の地位上昇は、特にアレクサンドリアとアンティオキアの総大司教《パトリアルカ》たちとの対立において現れた。また、コンスタンティノープル総大司教《パトリアルカ》はローマ司教の全教会的地位にも影響をおよぼすようになった。三八一年の第二コンスタンティノープル公会議において、アレクサンドリアとアンティオキアの総大司教《パトリアルカ》たちよりも、コンスタンティノープル総大司教《パトリアルカ》は優位とされた。コンスタンティノープルは裁治権的総大司教《パトリアルカ》区を要求したのではなく、帝国首都の栄誉の地位を要求したのであるが、この姿勢はまもなく変化し、コンスタンティノープル総大司教《パトリアルカ》区は特にアンティオキアを犠牲にしてしまった。

　東方世界において二人、後に三人の総大司教《パトリアルカ》が対立し、争うようになった。それに対し西方世界においては「ニカイア信仰宣言」が堅持され、総大司教《パトリアルカ》としてローマ司教一人のみが存在し、争いがなかった。かくて西方教会はつねに一つの声でキリストを語り告げることができた。ローマ司教の首位権は西方教会において初めから争われることなく、総大司教《パトリアルカ》権能の発展と一致し、信仰教義の諸問題に関して決定する権能をもっていた。

アリウス主義

マルクス（三三六）の短いローマ司教在位後、ユリウス（三三七〜三五二）がアリウス主義派とニカイア信仰宣言主義派との間の論争に係わることになった。アリウス主義派のニコメディア司教エウセビオスも、使徒伝承の信仰の偉大な擁護者アレクサンドリア総大司教《パトリアルカ》アタナシオスもローマ司教に決裁を依頼した。アタナシオスは、三三九年、コンスタンティヌス大帝の子、アリウス主義親派のコンスタンティウス（三三七〜三六一）によって再度アレクサンドリアから追放されてローマに現れ、ローマ司教ユリウスに保護と援助を求めた。ニカイア信仰宣言の擁護者アンキィラ司教マルチェッロスも追放され、ローマに逃れ場を願ってきた。ユリウスは三四一年初め五〇人を越えた西方世界の司教たちが参加したローマ教会会議を開催した。この教会会議はアタナシオスとマルチェッロスの立場を支持した。

ユリウスは東方世界のアリウス主義派の司教たちに手紙を送っている。この四世紀のローマ司教の最初の手紙において、ユリウスは「あなたがたはアタナシオスに関する正しい判決について我々に願わなければならなかったであろう。あなたがたは、このことは古くから行われていること、我々に尋ねて、それから正しい判決が宣言されることを知らない」と主張した。アンティオキィアは、ローマ教会会議の決議とローマ司教の権能を主張した手紙に激怒してしまった。だがユリウスはペトロス伝統を固く確信していた。

この争いを鎮めるために、東の皇帝コンスタンティウスと西の皇帝コンスタンスは、ユリウスの願いに従って、三四二年（三四三？）東西の合同教会会議を今日のソフィア、サルディカに開催した。およそ三〇〇人の西方の司教たちと七六人の東方の司教たちが一堂に集まった。ユリウスはコルドバ司教オシウスを西方の代表に任命したが、東方の司教たちは参加していたアタナシオスとマルチェッロスをすべての会議から除外することを要求したので、合同教会会議は決裂してしまった。

東方の司教たちはフィリッポッリスにおもむき、一堂に集まって、ユリウスとさらにアタナシオスを擁護した西方の指導的な司教たちに教会破門を宣言した。それに対して西方の司教たちも逆に教会破門を宣言したため東西両教会の分裂が起こった。これは三八一年に和解が成立するが、一〇五四年に決定的となる東西両教会の大分裂の前兆であった。西方の司教たちのみがサルディカ教会会議を続行し、ローマ司教に最高の教会的決定権が与えられた。しかしこれを東方の司教たちは否認した。

使徒的信仰を守って

ローマ司教リベリウス（三五二〜三六六）はアリウス主義派の攻撃の嵐を受けた。三五三年以来、ローマ帝国の唯一の支配者になったコンスタンティウス二世は西方においてもアリウス主義親派の教会政策を実施し始めた。彼によって召集された三五三年のアルル教会会議と三五五年のミラノ教会会議において、皇帝は暴力をもってアタナシオス親派を撲滅しようとした。使徒伝承の信仰を公けに宣言した司教たち、トリエルのパウリヌス、ミラノのディオニシウス、ポアチエのヒラリウス（三六七没）は追放された。

皇帝は「ニカイア公会議の信仰宣言」である「御父と御子と聖霊は神なる同一本質である」という信仰宣言から離れ、その代わりに「御子は御父にただ似ているだけである」という信仰宣言を表明するように要求した。これに対し急進的アリウス主義派は、「御父は御子と完全に異なる」と宣言した。ローマ司教の特使たちもこの信仰宣言に署名するように迫られた。しかしリベリウスは使徒伝承の信仰の誓いにおいてこの署名を拒絶したので、三五五年コンスタンティウス二世によってトラキィアに流刑された。皇帝は彼に従うフェリクス二世（三五五〜三五八／三六五）をローマ対立司教に任命した。しかしローマ信仰共同体はフェリクス二世をローマ司教として認めなかった。

雄々しかったリベリウスは流刑の身体的痛みと精神的衰えの中で、ついに「御子は御父に似ている」という御子従属論的表現の信仰宣言に署名してしまった。この信仰宣言は「ニカイア公会議の使徒伝承の信仰宣言」からの断絶を意味している。リベリウスは三五八年皇帝によってローマへの帰還を許された。しかしこれによりローマ司教とローマ教会の使徒伝統の尊厳は傷つけられてしまった。

三五八年ローマ信仰共同体は対立司教フェリクス二世を力をもって追い出した。リベリウスは、コンスタンティウス二世の教会支配が終わってから、三五九年のレミニとセレウキィア、二つの教会会議の異端的信仰宣言を否認し、ニカイア公会議の使徒伝承の信仰宣言を告白した。だが彼は使徒伝承の信仰の英雄的証人ではなかった。不幸な分裂が残り続けた。ローマにはリベリウスによって建てられたリベリウス・バジリカ、美しい教会サンタ・マリア・マジョーレが後世に残された。

教会の自由

ローマ司教ダマスス（三六六〜三八四）は少数派によって選出された対立司教ウルシヌスと争わなければならなかった。この争いは、ヴァレンティニアヌス帝（三六四〜三七五）の直接的干渉によって、三六七年和解されたが、両派の反目は長い間続いた。ダマススは中傷され、道徳的にあなどられ、殺人の疑いでローマ市民法廷に立たせられた。その後まもなくダマススは三七八年ミラノ司教アンブロシウス（三九七没）も参加したローマ教会会議において、重要な教会法的規定を決議し、その承認をグラティアヌス帝（三七五〜三八三）に求めた。皇帝は勅令をもって、教会に自由な司教選挙の権利を是認し、かつ信仰と道徳に関する教会法廷の権限を承認した。これによって司教による判決に対して、市民的国家権力による執行が確約された。

　ローマ市民法廷の前に立って不名誉な裁判を受けなければならなかったローマ司教ダマススの願いは、「ローマ司教はただ教会会議か皇帝法廷の前に責任をとる」ことにあったが、これはグラティアヌス帝によって否認されたことになる。それに対して皇帝は西欧のすべての首座司教たちの上にローマ司教の最高の教会法廷権限があることを保証した。この皇帝の保証は外的事情からまだ効力をもたなかったとしても、教会法廷を国家的援助をもって築く試みは注目すべきである。

教皇ダマスス1世

　ダマススは幾つかのローマ教会会議を開催し、信仰教義上の論争問題を取りあげ、東方の司教たちとの関係を改善しようとした。カッパドキィアの使徒伝承の信仰を生きた三人の新ニカイア主義の司教たち、カイサレアのバシリオス（三七九没）、ナジアンズのグレゴリオス（三九〇没）、ニュッサのグレゴリス（およそ三九四没）は神学的打開策を試みた。

　バシリオスはローマ司教ダマススと共に神学的論争の愛と和解を求めて、聖三位一体の神に関する神学的概念、「一つの自立体・三つの位格《ペルソナ》」を解明した。さらにバシリオスは、東方の一五三名の司教たちが集まったアンティオキィア教会会議を指導し、使徒的信仰に立ち帰ることを決議することに成功した。同じ頃ミラノ司教アンブロシウスもニカイア公会議の使徒的信仰宣言のために輝かしい献身をした。次第にアリウス主義は克服されていった。

ローマ帝国の平和政策が実を結ぶ中で、西の皇帝グラティアヌスと共に東の皇帝テオドシウス（三七九〜三九五）は三八〇年二月二十八日勅令を発布し、ローマ帝国市民にカトリック信仰を義務づけた。ローマ・カトリック教会の使徒伝承の信仰を帝国法に高め、そしてキリスト教国家教会の古典的文書となった勅令は、次の言葉で始まっている。

我々は、我々の慈悲ある平和の統治下にあるすべての民は、聖なる使徒ペトロスがローマ人に伝え、そのように今もなお告げられている、みな知るように大司祭ダマススとアレクサンドリア司教ペトロスが従っている信仰において生活することを願う……。

この勅令は新しい時代を導いた重要な文書であった。後にユスティニアヌス大帝はこの文書を彼の法典に基本法として優先した。この勅令は東方の皇帝優位主義の統治下におかれたビザンティン帝国教会を決定した。それに対して西方教会は帝国教会主義に対して教会の自由を擁護した。それは幾世紀にわたってビザンティン皇帝の教会支配と戦いぬいたローマ教皇の努力である。この戦いをくぐりぬけて教皇職が形成され、強化されていったのである。教皇の首位権を求める戦いは、この観点の下で考察されなければならない。それは全西欧にもたらされた「教会の自由」のための絶えざる戦いであった。

コンスタンティノープル公会議

教会的・宗教的一致を実現するために、テオドシウス帝は三八一年コンスタンティノープル公会議を召集した。この公会議は東方の帝国教会会議であった。帝国の半分、東方の司教たちのみが参加し、ローマ司教、教皇ダマススは出席しなかった。それに彼は招かれていなかった。後で帝国教会会議の決議がダマススに提出された時、彼はアリウス主義に対する「使徒伝承の信仰決定文」といわゆる「ニカイア・コンスタンティノープル信仰宣言」を承認した。かくてこの教会会議はコンスタンティノープル公会議として成立した。この公会議は「御子は御父の被造物、聖霊は御子の被造物である」とするアリウス主義を決定的に否認し、「神なる御父と御子と聖霊」への使徒伝承のカトリック信仰を宣言したのである。

コンスタンティノープル公会議において、政治的配慮から新しいローマ・コンスタンティノープルに栄誉が与えられた。しかし教皇ダマススは、コンスタンティノープル総大司教《パトリアルカ》がローマ総大司教《パトリアルカ》の下位に、だがアンティオキアとアレクサンドリア総大司教《パトリアルカ》の上位に栄誉ある地位を承認した公会議決定文に対して抗議した。三八二年のローマ教会会議はコンスタンティノープル公会議の決定文に対して反論し、全教会の栄誉の順位をローマ、アレクサンドリア、アンティオキィアと定めた。ダマススがこのローマ教会会議の決定の布告において「使徒座《セデス・アポストリカ》」としてのローマ教会について語ったことは注目すべきである。この表現は将来ローマ教会を現すことになる。三八二年のローマ教会会議の言葉にローマ教会の使徒的自己意識が現れ、東方教会に対して全教会的首位権が示されている。

ローマ司教、教皇ダマススはヒエロニムス（四一九没）と親交をもっていた。三八二年のローマ教会会議において、聖書の正典を定めた教皇の願いと勧めによって、この偉大な聖書神学者はラテン語聖書の完成に献身した。ヒエロニムスによってカトリック教会はラテン語聖書、『ヴルガタ』をもつことができた。教皇ダマススはローマ殉教者の墓に愛慕の思いを深く抱き、雄々しい信仰詩をもってたたえて墓を美しく飾った。今日もカタコンベに美しく刻まれた詩的碑文を目にすることができる。

2　ローマ末期の教会時代

カルケドン公会議（ヴァティカン図書館のフレスコ）

教皇職の首位権の形成

パパとパトリアルカ

総大司教職《パトリアルカ》は全世界教会におけるローマ教皇職の普遍的首位権から区別しなければならない。総大司教職《パトリアルカ》における首位権は全世界教会における普遍的首位権から独立して発展した。総大司教職《パトリアルカ》における首位権は、三つあるいは四つの総大司教区《パトリアルカ》において、それぞれ同じような形で発展した。それに対して全教会におけるローマ教皇職の首位権への発展はただローマ教会とローマ司教においてのみ見られる。後にコンスタンティノープルが総大司教職《パトリアルカ》の普遍的首位権を要求することになるが、全教会におけるローマ教皇職の首位権の理念は、ローマ総大司教職《パトリアルカ》における首位権の理念の発展と関連しつつ形成されている。この理念の形成と展開は、東方の総大司教職《パトリアルカ》における首位権との対立なしでは行われなかった。

三世紀末までのすべての司教教会は、首都司教教会に統合されていた。「アレクサンドリア、アンティオキア、そして他の総大司教区《パトリアルカ》の司教たちは、それぞれの司牧地域において、ローマ司教がその司牧地域において行使している同じ権利をもつ」とニカイア公会議の第六決定文は宣言した。この決議をもって、ローマ、アレクサンドリア、アンティオキィアの司教座は事実上「総大司教区《パトリアルカ》」、すなわち上位にある教会行政における統一が宣言された。エルサレムは、ニカイア公会議の第七決定文で教会行政における司牧地域なしにその栄光の地位をえた。

総大司教区《パトリアルカ》はローマ帝国の文化州に対応している。アレクサンドリアはエジプト地域、アンティオキィアは帝国の東方地域の大シリア・シチリア・キプロス、ローマは西方世界である。ギリシアとバルカンは独自な総大司教区《パトリアルカ》をもっていなかったが、皇帝と新しい帝国首都コンスタンティノープルの司教の願いに従って、コンスタンティノープル総大司教《パトリアルカ》区が設置され、そこに組入れられた。

三八一年のコンスタンティノープル公会議において、コンスタンティノープル司教はローマに次ぐ総大司教区《パトリアルカ》の地位をえた。同時に、皇帝はコンスタンティノープル司教にポントゥス・アジア・トラキィアをその総大司教区《パトリアルカ》として与えた。ローマ司教はその決定に反対したが、この総大司教区《パトリアルカ》は四五一年のカルケドン公会議における第二十八決定文によって承認され、コンスタンティノープル司教にアレクサンドリアとアンティオキィアがもっていた同じ権能が与えられた。

「総大司教《パトリアルカ》」の称号は六世紀になって初めて特色づけられ、「教皇《パパ》」の称号も一つの発展をたどった。古くは司教たちはみな「パパ（ス）」と親しみと尊敬から呼ばれ、古代教会においてはまだローマ司教の称号ではなかった。ローマ司教のみが「パパ―教皇」と呼ばれるようになったのは六世紀になってからである。この頃コンスタンティノープル司教は「エクメニコス・パトリアルヘス―エキュメニカル・総大司教」と称した。この時代からこの二つの称号はそれぞれの全教会の首位権を現す言葉となった。かかる権能は、アレクサンドリアとアンティオキアにはなく、ただローマとコンスタンティノープルのみにあった。

ローマ司教の普遍的首位権

全教会に対するローマ司教の普遍的首位権は古くから求められてきた。クレメンス時代からローマ司教は、使徒ペトロスの権能の保持者として全教会における信仰と道徳の諸問題に係わってきた。三四二年のサルディカ教会会議は、一司教の解任をめぐって起こった争いの解決をローマ司教に願い出た。サルディカ教会会議がローマ司教の権能を最高のものと承認しているのなら、その権能は全西方世界におけるローマ総大司教《パトリアルカ》の権能ばかりではなく、全教会におけるローマ司教の権能をも承認していることになる。

しかしアリウス主義派に傾いていた東方の司教たちが教会会議を去り西方の司教たちのみがとどまったので、サルディカ教会会議の決定はただ西方にとってのみ実際的効力をもった。また西方においてもこの教会会議の決定は、カルタゴ、アルル、ミラノのような大きな教会では容易に実施されなかった。しかしローマ司教は教会会議の決定に従うことを強く要求した。使徒ペトロスの権能を継承するローマ司教が全教会を指導する力をもつという意識が形成されていった。コンスタンティノープル司教の要求が政治的理由から強くなるにつれて、ローマ司教は使徒ペトロスの権能の継承を強調していった。

ローマ司教の首位権に関する聖書証言として、すでにキプリアヌス以来語られた「マタイオスによる福音一六章の一八節」が四世紀後半になっていっそう重要性をおびていった。ローマ司教における使徒ペトロスの権能は、西方においても東方においても、その原則において承認されていった。後にコンスタンティノープルは、ローマにおけるペトロスの使徒的権能の重みから逃れるために、コンスタンティノープルの信仰共同体はペトロスの弟、使徒アンドレアスによって、ペトロスがイエススによって召される前に、創立されたという伝説を作ったほどである。

全ラテン西方世界においてローマは唯一の使徒創立の信仰共同体であった。この事実から、使徒ペトロスからのキリスト信仰の遺産を守り続けてきたローマ信仰共同体とローマ司教たちは四世紀から五世紀にかけて使徒伝承の信仰と道徳のあらゆる問題において、その責任と使命の重みをもつようになったのである。しかしローマはその総大司教《パトリアルカ》の権能を、エジプトにおけるアレクサンドリア総大司教《パトリアルカ》の権能の如くには築きあげえなかった。ローマ総大司教《パトリアルカ》の権能はその直接的指導下にあった中部イタリアにおいては強かったが、ローマの宣教教会としてローマと密接な結合をもっていた北アフリカやイスパニアにおいてはそれほど強くなかった。

ミラノ、カルタゴ、アルルは、ミラノのアンブロシウス、カルタゴのアウレリウス、アルルのパトロクルスの如き偉大な司教たちの下でローマ帝国の西方における中心的司教座であった。これらはみな一方においてローマの優位を承認し、他方においてそれぞれの司教区の独立を築きあげていた。この二重構造からローマ総大司教区《パトリアルカ》におけるそれぞれの司教区は部分的にローマと一致しながらも部分的にはローマと対立した。この対立は、五世紀初葉、西方世界において北アフリカに現れた。かくてローマ総大司教区《パトリアルカ》において、ローマと北アフリカとの対決が起こったのである。

全教会の心配事への責任

この時代のローマ司教たち、すなわち教皇たちは、彼らの前任者たちよりも、いっそう強く全教会に対するローマの指導権を主張している。理念と現実とが完全に一致しなくとも、ローマ司教の首位権の形成が進んでいった。ダマススの次にローマ司教になったシリチウス（三八四～三九九）には、使徒ペトロスの権能を継承しているという新しい自己意識がその教書や手紙にうかがわれる。シリチウスに由来する最古の「三八五年に書かれた教皇法令」が保存されているが、それはいましめの文体ではなく、権能をもって義務づける教会的規律を定めかつ従うことを求めている。これまでのローマ司教の手紙は、他の司教たちの手紙のように、教え、さとし、慰め導くキリストの牧者的な私的手紙の形式であったが、今や「命令と禁止」の新しい形式になった。

シリチウスは、タラゴナ司教ヒメリウスに宛てた三八五年二月十五日付の教会問題に関する返書において、ペトロスからローマ司教に継承された全教会的な重い責任を強調している。ローマ司教の中に生きている使徒ペトロス自身に全教会に対する心配が委ねられているとの確信から、シリチウスはこの手紙を書いている。「我々は苦しむすべての人々との苦しみを担う。いやむしろ、その苦しみを、我々の中に、彼の導く相続人としての我々のためにすべてにおいて守り固めている、聖なるペトロスが担っていると我々は信じている」。

このシリチウスの言葉は後の教皇たちによって引用されている。この手紙の中で、ローマ司教としてシリチウスが初めて、パウロスの言葉「あらゆる教会の心配事」（二コリントの二八）を用いている。

四〜五世紀の転換期にアナスタシウス（三九九〜四〇二）がローマ司教座についた。続いてインノチェンティウス（四〇二〜四一七）がローマ司教になった。彼は気高い使命感に満ちた、行動力ある達見の教皇であった。彼は全教会の中の一ローマ総大司教区に対してのみならず全教会に対して、ローマの使徒的首位権の確立のために強く働いた。

インノチェンティウスはシリチウスの教皇法令の形式精神を継続した。ルーアン司教ヴィクトリチウス、トゥールズ司教エクスペリウスやその他の司教宛の手紙において、ローマ教会の模範に従って西欧の教会規律を定め、地方教会会議におけるすべての重大問題を最終的決定のためにローマの使徒座に送るようにと求めている。四〇三年ヨハネス・クリュゾストモスが、コンスタンティノープル総大司教座から追放された時、インノチェンティウスに事情を説明した手紙を送った。そのさいにインノチェンティウスはその手紙を最終的決定への訴えとして受けとった。彼はクリュゾストモスの復帰をビザンティン宮廷にローマ使徒座の権能をもって告げている。

ローマ司教とペラジウス主義

四〇〇～四一一年頃ローマにブリタニアの修道者ペラジウスが現れ、人間は神の恩恵なしに自力で救いの完成への道を正しく歩むことができると説いた。この思想に共鳴して、それをもっと鋭くしたペラジウスの弟子、チェレスティウスは四一一年頃カルタゴに行った。アフリカ教会にはドナトゥス主義派がまだ存在していた。アフリカ教会はさらにペラジウス主義に影響されるようになった。原罪の浄化と救済の完成のための神の恩恵の必要性を否定し、人間は神の恩恵なしに神の掟を実践できる、と彼らは説いて回った。この非キリスト教的な思想に対して、ヒッポの偉大な司教アウグスティヌスはその多くの著作において神の恩恵論をもって対決し、また四一一年アフリカ地方教会会議はペラジウス主義を異端として宣言した。ペラジウスは東方に支持者をえた。四一五年のエルサレムとディオスポリス教会会議が彼を教会に迎え入れたことから、事態は複雑になった。ペラジウスの思想はその弟子チェレスティウスの思想より穏健であることは確かである。ペラジウスにとっては神学的理論ではなく、キリスト教的実践が問題であった。彼は神の恩恵を否定したのではなく、人間の自発的論理力を尊重し、人間は自力で自分の救済に達しうる、神の恩恵によってさらにやさしくなると考えていた。

かかる人間救済の自力論に対して、神の恩恵の働きを自ら深く体験していたアウグスティヌスは激しく反論した。四一六年、彼自身が議長の任を務め、ミレヴェにおいて開催されたアフリカ地方教会会議は再びペラジウスの思想を異端として判決し、その決議文をローマ司教に送った。インノチェンティウスはペラジウスとチェレスティウスを教会破門にした。アウグスティヌスは、この教皇宣言を聞いた時、有名な言葉を述べた。「ローマが宣言したので事件は終わった」（説教一〇三の一〇）。

しかし事件は終わらなかった。ペラジウスは巧みにまとめた信仰宣言を著し、そしてチェレスティウスはそれを携えてローマにおもむいた。彼らはギリシア人の新教皇ゾジムス（四一七〜四一八）の好意をえることに成功した。ゾジムスは二つのローマ教会会議を開催し、二人の名誉を回復させ、アフリカ教会に対して彼らを信仰共同体に迎え入れるように求めた。この決定に対して、つねにローマと親交をもっていたアウグスティヌスは激しく反論した。四一八年五月一日、アウグスティヌスの指導の下で、二一四名のアフリカの司教たちが参加したカルタゴ教会会議が開催され、「原罪と恩恵」に関して九ケ条の信仰決定をした。この教会会議の信仰決定の文書はローマに送られた。かくてゾジムスはこの事件を再び取りあげた。ついにローマ司教はチェレスティウスをローマへ召喚したが、彼は姿を見せなかった。ローマ司教はカルタゴ教会会議の信仰決定を確認し、ペラジウス主義を異端として判決をし、教皇ゾジムスはペラジウス主義の創始者たちに教会破門を宣言するにいたった。

ゲルマン諸民族の侵入

インノチェンティウスの教皇在位期は、崩れゆく西ローマ帝国の時代であった。イタリアは侵入の嵐に襲われ、西ゴート族は四〇一年アラリック王の下にイタリア半島を荒していた。ローマ司教は教会的にも政治的にも、彼に託されたローマ教会を保護しなければならなかった。西ゴート族の王アラリックがローマに迫った時、教皇はホノリウス帝（三九五～四二三）の反ゴート政策を変えてローマを守るように願うために、ラヴェンナの皇帝陣営に行ったが、その努力は空しかった。四一〇年八月西ゴート族はローマを占領し、三日間にわたって荒し回った。幸いにアラリックはローマの諸教会、特に使徒たちのバジリ力を破壊することはしなかった。教皇は住居を失い、さまようローマ市民を教会に入れ、神の民を守るべき牧者の使命に献身した。西ゴート族のローマ征服は同時代の人々の心をふるいあがらせた。

まもなくアウグスティヌスは『神の国』(四一三〜四二六)を書き、不幸な歴史事件をめぐってキリスト教救済史的神学解釈を展開した。侵入の嵐は彼をも襲った。四二五年ヴァンダル族はイスパニアを荒し、さらに四二九年ローマの穀倉北アフリカに侵入し、四三〇年アウグスティヌスの司教座ヒッポの町を包囲した。この戦いの嵐の中でアウグスティヌスは永遠の神の国へと帰った。

存在の不安と生命の危機は全西ローマ帝国を蔽いつくした。こうした時代の混乱の中でローマ教会内に教皇ボニファティウス(四一八〜四二二)の選挙をめぐって争いが起こった。ローマの司祭団が老いた病身のボニファティウスを選出する前に、助祭団が時代の嵐を乗り越えるために強力な教皇を求めて、行動力ある首席助祭フルアリウス(四一八〜四一九)をローマ司教に選出していた。

両派は皇帝の決裁を願い出た。四二〇年七月一日ボニファティウスはホノリウス帝に書いている。「教会に対する私の心配はキリスト教皇帝に教会の危機とすべての司教たち、聖職者たちの願いを申し上げないでいられない。……キリスト教皇帝よ、教会は敬虔な皇帝に願って叫ぶ。いかなる悪天候も教会の静けさを乱さないように心をくだいて下さるように」と。新教皇の願いに従って皇帝は勅令を発布した。皇帝は、「争いの選挙にさいしては、どの候補者もローマ司教座についてはならない。新しい選挙が行われるべきである」と定めた。これは皇帝による最初の教皇選挙令であった。ここに西欧は皇帝・教皇の二元主義のきざしが始まっている。将来たびたび、ローマ教会はこのように皇帝の援助を受けなければならなかった。西方世界においては、補助連帯性原理が教会と国家との関係において決定する力として働いた。東方世界においては、教会は皇帝に無条件に従わなければならなかった。すでにフルアリウスは皇帝勅令にそむいてローマから追放されていた。

チェレスティヌス（四二二～四三二）が教皇になり、その教皇在位期にアフリカ司教団との対立が起こった。司祭アピアリウスは、司祭にふさわしくない生活をしているとして司教によって解任され、教会破門にされていた。彼はローマに訴えたので、教皇は四二六年使節団をアフリカに派遣した。しかしそこではアピアリウス事件そのものよりも、ローマへの控訴権が問題になった。アウグスティヌスのヒッポ司教区においても、彼によって叙階され、後に司教になったフッサラのアントニウスが、ローマに控訴した。かくてローマへの控訴権が議論された。四二六年のカルタゴ教会会議は、アフリカ教会内の諸事件に対するローマの干渉を禁止し、アフリカ教会の首座、カルタゴ司教に控訴することを命令した。ローマとカルタゴとの間には対立が起こったが、しかしこの対立はアフリカに吹きまくったヴァンダル族の侵入の嵐のため展開しないままで終わった。アウグスティヌスはこのカルタゴ教会会議の決定に署名しなかった。

エフェソス公会議

アレクサンドリア総大司教キュリロス（四四四没）によって、教皇チェレスティヌスは東方の神学的論争の中に引き入れられていった。神学的・教会政策的対立は、コンスタンティノープル総大司教ネストリオス（およそ四五一没）とアレクサンドリア総大司教キュリロスとの間に起こった。

キュリロスは、アレクサンドリア神学派の伝統に従ってネストリオスを非難した。ネストリオスは、アンティオキィア神学派の伝統を汲んで「キリストにおける神性と人性の一致」をなくし、それ故三世紀に一般に信じられていた「マリアが神の母《テオトコス》である」ことを否定することになった。ネストリオスは「キリストにおける神性と人性は一致しているのではなく、互いに混合している。かくてマリアは神の母ではなく、キリストの母であるにすぎない」と説いた。ネストリオスは、テオドシウス二世（四〇八〜四五〇）によってコンスタンティノープル総大司教に任命された時、「神の母」を否認していた。

キュリロスはネストリオスに対する論争に立ちあがった。アレクサンドリア総大司教は、「キリストにおける神・人の本質的一致」を主張した。ネストリオスに対する強い敵対感情は、数十年来コンスタンティノープルに対するアレクサンドリアの対立感情から燃えあがっていった。コンスタンティノープルは、使徒マルコスの教会、アレクサンドリアの使徒的優位をかえりみていなかった。両総大司教はローマの総大司教の賛同をえるために教皇に手紙を送った。

教皇チェレスティヌスは、四三〇年十月八日、ローマ教会会議において、キュリロスの見解を正しいと決定し、ネストリオスに、一〇日間のうちにその誤謬を撤回しないなら教会破門にすると迫った。教皇は、偉大な司教たち、アンブロシウス、ダマスス、ヒラリウスと相談して「マリアは神の母である」ことがキリスト教信仰に照らして正しい、と公けに宣言した。さらに教皇は「神の母マリア」のために信仰の情熱を燃やしたキュリロスをたたえ、彼にローマ教会会議の信仰決定をひろめるように託した。

キュリロスが全教会に対するローマ司教の権能を背景にしてネストリオスを攻撃すると、ネストリオスはアンティオキア総大司教の力をかりて防衛的姿勢をかまえたので、ローマ・アレクサンドリア対コンスタンティノープル・アンティオキアの総大司教たちの争いとなった。ネストリオスの働きかけによって、皇帝テオドシウス二世は四三一年エフェソス公会議を召集した。

エフェソス公会議は、キュリロスの指導の下に、ローマ教会会議の決定をふまえて、ネストリオスの異端と解任を議決し、皇帝もこれに同意した。教皇チェレスティヌスは特使を公会議に派遣した。彼らはその席上において公会議の決議を承認するとする教皇の手紙を読みあげた。教皇は公会議の決議報告を改めて是認した。教皇特使団、二人の司教と一人の司祭は、公会議において主要な役割は果たさなかったが、キュリロスは教皇職を活用した。それはローマ教皇職の強化に貢献することになった。

ネストリオスは解任後つつましくアンティオキィア修道院に身を退いた。しかし彼の支持者は激昂した。四三六年皇帝は勅令をもってネストリオスを上エジプトへ追放した。この真面目な学識ある人はキリスト教的態度をもってきびしい運命を耐えた。彼は流刑の地で四五一年のカルケドン公会議の召集を聞きながら、使徒伝承のキリスト信仰宣言をしつつ世を去った。「神の母マリア」に関するエフェソス公会議の信仰決定はローマにおいて、キリスト教信仰の輝かしい勝利として歓迎された。その後まもなくチェレスティヌスの後継者はリベリウスによって建てられたリベリウス・バジリカ、今日もなお美しく輝くモザイクが「神の母マリア」をたたえているサンタ・マリア・マジョーレを改築させた。

ペトロス＝岩＝教会

チェレスティヌスのキリスト教宣教史上の功績は四三一年パッラディウスのアイルランドへの派遣である。彼はその在位の終わりに、特にブリタニアにおけるペラジウス論争と、イタリアにおけるヨハネス・カッシアヌスの説いた準ペラジウス主義と係わり、アウグスティヌスの恩恵論を主張した。チェレスティヌスの後継者として選出されたシクストゥス三世（四三二〜四四〇）の在位中、ペラジウス論争が続いた。彼のすべての手紙は、彼が使徒ペトロスからのキリスト信仰の遺産の保持者であることを深く自覚し、かつ使徒ペトロスの権能をもって使徒伝承のキリスト信仰を全教会において守り固める使命と責任を意識していたことを示している。

五世紀初葉のローマ司教は、全教会における教導の首位権だけではなく、裁治の首位権を求めるようになった。この首位権は「マタイオスによる福音一六章の一八節」によって固められている。次のように教皇チェレスティヌスはエフェソス公会議に書き送っている。

カトリック教会の基礎、我々の主イエスス・キリストによって……天上の国の鍵が授けられ、そして罪をつなぎ解く権能が与えられた。ペトロスが、今日までつねに彼の後継者の中に生きかつ宣言する（デンツィンガー・Nr．112）。

ここに「ペトロス＝岩《ペトラ》＝教会」の基礎がある。この使徒ペトロスの権能の継承にローマ教皇の首位権思想は基づいている。岩と教会とが同一視されており、アウグスティヌスはこれを美しく表現している。「ペトロスは岩によって、しかし岩は教会である」（ヨハネ註解七の一四）。さらに彼は説明している。「教会はそのすべてをキリストから受けもっている。それを、ペトロスは明らかに現している。すなわち、岩はキリストの姿である。しかしペトロスは教会の姿である」（説教一四九の七）。「ペトロスは教会の姿を現す」というアウグスティヌス的表現は教会のシンボルとしてのペトロスであって、キリストによって制定された教会の基礎としてのペトロスではない。

　アウグスティヌスの神学的重みは、かかる解釈にひろい影響をおよぼした。おそらくアウグスティヌスは、彼の時代の神学的思想を総合していると思われる。しかし二つの表現、ローマ的「岩＝ペトロス」とアウグスティヌス的「岩＝キリスト＝教会」とは、けっして矛盾してはいない。アウグスティヌスも東方神学も、この表現からペトロスを結論していなかったからである。西方世界においてはローマ的「ペトロス＝岩＝教会」が支配的思想になっていった。

レオ大教皇

大教皇

教会史上「大教皇」とたたえられているのは、レオ一世とグレゴリウス一世の二人だけである。レオ（四四〇～四六一）をもって、最初の、現実の「教皇《パパ》」がペトロスの座についた。レオは最初のローマ司教たち、特にダマスス以来のローマの首位権発展の一つの大きな結びである。

シクストゥス三世の没後、助祭レオはローマ司教に選出された。彼はチェレスティウス時代から、多くの教会と国家の諸問題において英知をもって卓越した手腕を発揮していた。西方世界における輝くローマの栄光が地に落ちた時代において、古代ローマ的偉大さを一身に担った深い信仰の人であった。レオはしばしば最初の教皇と呼ばれてきた。彼はペトロスの後継者として教皇の権能を全キリスト教世界に示した。彼の教皇職は教皇史における最初の嶺である。

レオは説教や手紙において彼の心を燃やして使徒的信念を語っている。「主キリストは使徒ペトロスに他の使徒たちよりも優位を与えた」「ペトロスはローマ使徒座とすべてのローマ司教たちの首位権の祖である」「それゆえペトロスの後継者のみに全教会の指導と心配が責任として与えられている」「なぜならペトロスはそのローマ使徒座の中に絶えず現存し、彼の高い権能は使徒の正しい信仰の守り手である彼の後継者の中に働き続けているからである」と。

ペトロスの代理者

レオの「ペトロス思想」は「マタイオスによる一六章の一八節」に基づいている。彼は、「岩＝ペトロス」表現が、「岩＝キリスト」表現と矛盾するのではなく、神の意志にかなった解釈であると確信している。主自身がその権能をペトロスに委ね、ペトロスをすべての使徒の上に置きつつ、ペトロスをご自分の代理と見なしている、とレオは考えている。「まず、キリストが導いているみんなを、ペトロスは正しく導くべきである」（説教一二）。「ペトロスがキリストにおいて信じていることが永遠に力あるように、キリストがペトロスの中に定めたことは、永遠に存在している。岩として与えられた強さをもつペトロスは、すべての時代のために、教会の伝統的な舵を捨てなかった。」

しかし教皇は特に全教会の心配に対して愛をもって奉仕する責任をもっている。「我々はすべての司教たちと共に心配を担い、彼ら一人一人の司教職の実践によっている。それはペトロスの座に全世界からその逃れ場が求められているからである。すべての人々はローマ司教に全教会への愛を期待している。主がペトロスに委ねられたように」（説教五）。レオは使徒ペトロスの後継者としての自分の中に自分に委ねられた羊の群れを一つに集め、保護する牧者の心配を実感している。

レオにおいて初めて「ペトロスの代理者」という、教皇の称号が現れている。それはキリストの代理者として第一の使徒ペトロスにかたどられた教皇の姿である。レオはこの最高の使徒職から彼の全教会を担う責任を導き出している。イエススが一切の権能をペトロスに与えたように、教皇もかかる一切の権能を受けている。レオはその権能の中に全教会に対する神からの全責任を見つめ、そのペトロスの最高の使徒職を「ルカスによる福音二二章の三一節」に照らして瞑想している。

教会の最高責任者

レオはその二〇年の教皇在位中、教会の最高責任者としてひとすじに純粋な信仰を守るために献身した。彼は、東方からローマへ入ってきたマニ主義思想運動に対して心をくだかなければならなかった。皇帝ヴァレンティニアヌス三世（四二五〜四五五）は、レオの努力に答えてマニ主義派を追放し、四四五年六月十九日の皇帝勅令ではローマ市民権を彼から奪った。レオはそれをキリスト教国家の義務と見なしている。レオはイタリアの全司教に誤謬論に対して、同じ処置をとるように求めている。またレオはイスパニアに起こったプリスチリアヌス主義と呼ばれる熱狂的な信心運動の誤謬を憂え、イスパニア教会にいましめの手紙を送って、イスパニアの全司教に使徒伝承のキリスト信仰の宣言を強くうながしている。

レオ教皇の高い教会史的意義は、東方におけるキリスト論に対する使徒伝承のキリスト信仰の宣言である。ネストリオスはキリストにおける二つの本性、すなわちキリストの神性と人性の一致を分離してしまった。このネストリオスに対して、コンスタンティノープルにおいて敬愛されていた大修道院長エウテュケスは激しい攻撃を加えた。エウテュケスは、キリストにおける二つの本性は一つに結ばれて混合している、としてキリストの人性は完全にキリストの神性にすいこまれていると説いた。かくて「キリスト単性論」が語られるようになった。

四四八年エウテュケスはレオにネストリオス主義派の新しい異端運動について報告した。レオはエウテュケスがエフェソス公会議の熱心な擁護に努めていたので、彼をたたえた。しかしレオは東方において教義的・教会政策的対立が新たに起こりつつあることについて何も知らなかった。コンスタンティノープル総大司教フラヴィアヌスからエウテュケスのキリスト論の誤謬・大修道院長職の解任・教会破門について報告された時、レオはエウテュケスを擁護すべきか教会破門すべきか重大な決定に迫られた。レオは四四九年六月十三日付の『フラヴィアヌス宛の信仰教義に関する手紙』において、聖書と西方教会のキリスト論に基づきながら、かつ全教会に対する最高の権能をもって「キリストにおける二つの本性」について使徒伝承の信仰真理を論じエウテュケスのキリスト論を否定するにいたった。

キリスト論をめぐる論争はひろがった。エウテュケスは、アレクサンドリア総大司教ディオスクルに支持されながら四四九年皇帝テオドシウス二世によって召集されたエフェソス教会会議において勝利をえた。エウテュケスの神学思想、「キリスト単性論」は正しいキリスト信仰であると宣言されたのである。彼の対立者、特にコンスタンティノープル総大司教フラヴィアヌスは解任され、教会会議に派遣された教皇使節は完全に無視されたばかりでなく、彼らは生命の危険にさえさらされた。エウテュケスの異端判決を宣言したレオの『フラヴィアヌス宛の手紙』は否認されてしまった。教会会議は全教会における東方の優位をえようとする権勢欲のままに進行した。しかしエウテュケスとディオスクルの勝利は長く続かなかった。レオはエフェソス教会会議を「盗人の教会会議」と非難し、その一切の決議を無効であると宣言した。レオは皇帝権力から自由になるためにイタリアにおける公会議の開催を望んだが、実現できなかった。

カルケドン公会議

レオはテオドシウス二世の後継者マリチアヌス帝（四五〇〜四五七）から新しい公会議開催の報告を受けた。初めニカイアに召集された公会議は四五一年十月ボスポロスのアジア側のほとりにあるカルケドンで開催され、六三〇名の司教たちが集まった。レオ教皇の特使が公会議の議長を務める願いは拒否され、一切の議事は皇帝官吏によって進行されたので彼らは公会議の議決に参加しなかった。公会議の第二会期の席上において、レオ教皇の『フラヴィアヌス宛の信仰教義に関する手紙』が朗読された。

……混合することなく、神人イエスス・キリストの中に、神性と人性が互いに現存している。

しかし二つの本性は、互いに分離できるのではなく、神のみ言葉《ロゴス》の唯一の位格《ペルソナ》において解き難く結ばれている。

レオ教皇は「二つの本性において混合も変化もない、区別も分離もない唯一にして同一のイエスス・キリストへの信仰」を宣言した。これを聞いて、全司教が感動と感激に燃えて叫んだ。「これこそ父たちの信仰である。これこそ使徒たちの信仰である。かくて我々はみな信じる。ペトロスがレオを通じて語った」と。

公会議後まもなく東方において教義上の論争が再燃した。キリスト単性論をめぐる論争は、帝国教会的政治にからみつつ、幾世紀にもわたってローマ帝国の全東方世界を揺り動かした。すでにカルケドン公会議自体に帝国教会的政治の暗雲がたちこめていた。皇帝による公会議の召集は、レオ教皇にとって心に突きさされたとげであった。カルケドンにおいて、皇帝によって任命された一八人の帝国官吏は軍指揮官アナトリウスを始めとして公会議議長席についていた。「キリストの二つの本性」について信仰決定した第六会期には、皇帝自身が貴賓席についていた。レオ教皇の特使団は議長席につくことなく、ただ外見的に上位に着席していたにすぎない。彼らは公会議において、コンスタンティノープル、アンティオキィア・アレクサンドリア総大司教たちの前に発言し、署名する権限をもっていたが、事実上の指導権をもっていなかった。かくて彼らの不在中に、公会議の第二八議案として「ローマに次いで、コンスタンティノープルの第二の地位」が決定された。この議決をのぞいて、レオ教皇はカルケドン公会議の全決定文を承認したのである。

レオ教皇の勇気と愛

東方と西方の神学的思想は対立に発展していった。東方ではキリスト論の神学においても「キリスト単性論」が存続し、国家生活においても国家と教会が同一化し、「帝国教会単性論」ともいえる展開が行われた。西方では完全に別な展開をした。キリストの二つの本性、「神性と人性」が一つに結ばれて、さらに二つの本性の神学的思想体系へと発展した。それは国家生活においても「国家と教会」「宗教と政治」は混合せず、分離せず、キリスト教徒の人格の中心に互いに一つに結ばれて、それぞれの価値と責任を深くとどめていた。ここに西欧の二元的な精神的背景が見られる。教会と国家は、同一の人間によって形成されているかぎり、互いに分離できない。しかしそれぞれの使命が異なっているから、混合してはならない。歴史的困難さは、どのように両者の関係を互いに決定するかにあった。レオ教皇はこの二つの本性論をもって全西欧の発展動向を決定的に変えた。彼の後継者たちはその思想を二つの権能論で築きあげ、精神的人間と宗教的生活のために自由と独立を守ったのである。

教会は西ローマ帝国の弱体化によって暫定的に独立し自由であることができた。四一〇年ホノリウス帝はローマとイタリアを西ゴート族の侵入の嵐から守ることができなかった。四五二年フン族が北イタリアを襲った時、ヴァレンティニアヌス三世は何もできなかった。「神のむち」と言われたフン族王アッティラは大軍を率いて怒濤のようにローマへ進撃してきた。ローマ民衆は新たな恐怖の危機に投げ出され、レオ教皇に救いを求めた。彼は四五二年神への信仰と希望と愛の中に勇気をもって、アッティラとマントゥアで会見し、人を殺したり家を焼いたりするのは罪悪であるから中止するように説得した。この侵入王は、教皇の人格と威厳に心打たれたのか、イタリア征服を断念し、平和を約束して本国に引きあげた。かくてローマは救われた。しかしローマ市民は難が去ると神を忘れ快楽にふけるようになった。三年後の四五五年、再び危機がローマを襲った。ヴァンダル族の侵入である。この時もレオは教皇職に生きる信念と勇気をもって、ヴァンダル族王ガイセリックの馬前に進み出て談判したが、不幸なローマを侵入者の掠奪と暴力から救うことはできなかった。しかし少なくともローマ市民の生命は許され、放火による都市の破壊はまぬかれた。

西ローマ帝国の沈みゆく無力状況の中で、レオはローマ市民の自己なき守り人であった。レオはその説教において、ローマ民衆に神への信仰と感謝を思い出させようと心をつくしている。おそらく四五五年のヴァンダル族侵入の嵐が過ぎた後であろう、レオは一つの説教の中で、悲しみに満ちて、ローマ市民の忘恩を歎いている。「誰がこの市に救いを取りもどしたか。誰がこの市を捕われから解放したか、誰が殺害から守ったか。……主に帰れ。

主が我々に恵みを注ぎ、行われたみ業を思い出せ。信仰のない人々が考えるように、天体の働きに我々の解放はよるのか。猛威をふるう侵入者の心をやさしくした全能の神のいえつくし難い慈悲に心を献げよ」と。

レオ教皇の世界は崩壊しつつあるローマ帝国の中にあった。このような歴史状況の中で、レオの教皇職は、古代末期最後のローマ教皇の使命と理想とに生きた姿を現している。ペトロスの使徒座についたレオ一世を教皇史上「大教皇」とたたえることはふさわしい。レオ大教皇にベネディクトゥス十四世は「教会博士」の称号を贈った。最古のミサ典礼書に『レオ秘跡書』と大教皇の名を添えている。それは四〜五世紀の西欧キリスト教世界の教会の祈りを総合したミサ典礼書である。彼は使徒ペトロス後の最初の「教皇《パパ》」として、コンスタンティヌス・聖ペトロ・バジリカの正面玄関に埋葬された。六八八年教皇セルジウスはレオ大教皇の遺体を彼に献げられた大聖堂祭壇に移したのである。

ビザンティン皇帝権の支配の下に

東西両教会分裂

ヒラルス（四六一〜四六八）がレオ教皇の後継者として教皇に選出された。ヒラルスは教皇として賢明に前任者の基本精神をつらぬいている。彼はガリア教会とイスパニア教会における裁治権をめぐる争いに対して教会法を遵守するように働きかけ、特にアリウス教会の進出を防ぐことに力をつくした。彼の教皇職の在位期は比較的平和であったが、皇帝レオ一世（四五七〜四七四）の生存中はその支配下におかれて、東方に対して積極的には何もできなかった。

次の教皇シンプリチウス（四六八〜四八三）の時、東方における諸関係が悪化した。皇帝レオ一世の死後バジリスコスがビザンティン皇帝権を奪い、四七五年と四七六年には勅令を発して、特にエジプト、パレスティナ、シリアに多かったキリスト単性論派に対して寛容な教会政策をとるにいたった。教皇はそれに反対し、キリスト単性論支持から離れるようにバジリスコスに願ったが、その努力は空しかった。

ゼノン帝（四七六〜四九一）も同じ政治的配慮からキリスト単性論派を支持した。彼はコンスタンティノープル総大司教アカキィオスに四八二年帝国全土に布告する宗教勅令案を作成させ、東ローマ帝国の発展のために教会一致を実現しようとした。しかしカルケドン公会議の本質的な信仰決定を捨てた妥協案はカトリック側によって受諾されなかった。またキリスト単性論派もそれを否認した。

次のローマ教皇フェリクス三世（二世）（四八三〜四九二）は、教皇の首位権の信念をもってカルケドン公会議の信仰決定の承認とその保持を強く求めたので、コンスタンティノープルでは激しい反対の声があがった。教皇特使は牢獄に投げ込まれ責めたてられ、ついに暴力に負けて信仰妥協案に惑わされてしまった。彼らのローマ帰着後、フェリクス三世はローマ教会会議を開催し、アカキィオスとその支持者、また皇帝をも教会破門にし、さらに二人の教皇特使、ヴィタリスとミセヌスを罰した。

教皇は、皇帝宛の手紙において、皇帝が使徒ペトロスの使者である教皇特使をはずかしめたこと、さらにキリスト単性論者のアレクサンドリア総大司教ペトロス・マグヌスと教会一致を結んだことを歎いている。教皇は信仰問題に関する決定権が皇帝にはないことを宣言している。「あなたは聖なる秘義を教えるべきではなく、その管理者から学ばなければならない」と。ここには聖・俗権を区別する西欧的思想が働いている。かかる言葉や思想はコンスタンティノープルでは不思議に感じられたにちがいない。

かくて東西両教会の間に分裂が起こった。アカキィオスは、ローマからの教会破門に対して、逆にフェリクスを教会破門にして、ローマとの一切の関係を断った。この東西の教会分裂は五一九年まで続いた。その間東方側から再一致の試みは行われたが、キリスト単性論に対するローマの使徒伝承のキリスト信仰の宣言の基本的態度によって挫折した。四九〇年代は東方のすべての総大司教座、コンスタンティノープル、アレクサンドリア、アンティオキィア、エルサレムはキリスト単性論者によって占められてしまっていた。

ビザンティンと東ゴート

この時代ゲルマン諸民族の大移動が展開した西方世界においては政治的変動が激しく、四七六年ついに西ローマ帝国は消滅した。最後の西ローマ皇帝ロムルス・アウグストゥルスに代わって、ゲルマン軍隊の長オドアケルは王と称し、東ローマ皇帝を首長として承認した。しかしまもなく東ゴート族のテオドリック（四九三〜五二六）はオドアケルを倒し、イタリアに東ゴート王国を建て、皇帝の権威をもってイタリアを治めた。南フランスには西ゴート王国が建てられ、イスパニアまで拡大されていった。アフリカではヴァンダル族王フンネリクの支配下でカトリック迫害が行われ、多くの背教者が現れた。四八四年カトリック迫害が終わった。フェリクス三世はローマ教会会議において背教者の教会復帰の信仰条件を定め、彼らを再び信仰共同体に迎え入れた。

ローマ教会は国家権力からの自由を強めていった。教皇ジェラシウス（四九二〜四九六）は前任教皇に首席助祭として仕え、特に教皇の手紙を起草していた。ジェラシウスは、レオ大教皇と同じく、ペトロスの使徒座の権能をもつ確固たる信念につらぬかれていた。ジェラシウスは教会と国家との関係において教会の優位を宣言している。彼はアナスタシウス帝（四九一〜五一八）宛の手紙の中で、全中世を通じて西欧の政治思想を決定する「二重権能論」を展開している。

いとも尊い皇帝よ、この世が治められている二つのものがある。この二つとは、司教たちの聖なる権能と皇帝の権能である。この二つの職の中で、司祭的権能は遥かに重い。彼ら自身が人間なる諸王のために神の審判において責任を取らなければならないからである。恵み深い子よ、あなたはその皇帝位においてすべての人よりすぐれているが、あなたは神の恩恵を分配する彼らから霊魂の救いの糧を受けている。あなたは天上の秘跡を受けて……命じる者であるよりも、へりくだって受ける者であることを深くわきまえているからである。あなたはすべてこれらのことにおいて、司祭の導きによっている。……司教たちが、国家法の領域において、神の定めによってあなたに皇帝権が委ねられたことを、それゆえあなたの法に従わなければならないことを認めているならば、あなたは聖なる秘義の分配に定められた人に喜んで従わなければならない……（手紙一二）。

ジェラシウスは他の手紙において、「国家の権能と教会の権能とは互いに混合してはならない、また互いに分離してはならない」と述べている。キリストは人間的弱さを見つめて、すべての人々の救済のために偉大な定めによって二つの権能の領域を区別したからである。かくてキリスト教皇帝は永遠の生命に眼を注いで司教たちを見つめ、しかし司教たちは地上の領域において皇帝の法に従うべきである。教会の霊的職は一切の世俗的諸事から離れるべきである。逆に世俗的諸事に従事している人は神的諸事に干渉すべきではない。それによって二つの制度の謙虚さが配慮されるのである。誰も二つの尊い職を所有していると誇ることはできない。両者は互いに与えられた領域においてその権能を行使すべきである。

ジェラシウス教皇の多くの教令文書は後に教会法に入れられた。いわゆる『ジェラシウス教令集』と『ジェラシウス秘跡書』は共にジェラシウス教皇に由来している。

対立の激化

五世紀の諸教皇の中で傑出していたジェラシウスを継いで、アナスタシウス二世（四九六～四九八）が教皇になった。彼の教皇在位中に、西欧全中世を決定するような事件が起こった。それはゲルマン人のキリスト教への改宗である。彼らのカトリック教会への転換は、ゲルマン精神とキリスト教精神、古代文化精神との出会いのための基礎を造った。

フランク国王クロードヴィヒ（四八二～五一一）のカトリック信仰への改宗がその始まりであった。若くたくましいフランク王は、四九六年のクリスマスに、彼の多くの従士と共にランスにおいて、ランス司教レミシウスから受洗した。他の史料によれば、彼の受洗の年と場所は四九八年から四九九年、トゥールであるという説もあり、学問的論争が行われている。

アナスタシウス二世は、東方教会との再一致を願い、和解的態度をとったので、ローマ聖職者団によってキリスト単性論派と非難された。そして反ビザンティン多数派によってシムマクス（四九八～五一四）が教皇に選出された。それに対して親ビザンティン少数派は首席司祭ラウレンティウス（四九八～五〇六）を対立教皇として選出し、シムマクスはラテラノ大聖堂で、ラウレンティウスは聖マリア・マジョーレ大聖堂で、それぞれ司教に叙階され教皇となった。

こうして両支持派の対立は、ローマの道路上で血を流し合うまでに激化していき、ついに両支持派は東ゴート王国のテオドリック大王に仲介を願った。それに対して大王は、反ビザンティン多数派によって選出されたシムマクスが真の教皇であると決裁した。四九九年三月一日、シムマクスはローマ教会会議を開催し、テオドリック大王の仲介の労に荘厳な歓呼をもって感謝し、今後の分裂教皇選挙にさいしては、候補者は分裂教皇選挙が統合されるまで教皇に即位するべきではないこと、過半数得票によって決定すること、不正な選挙人は聖職者の地位が剝奪されること、を決議した。ラウレンティウスもこの教会会議に参加し、これらの決議に署名した。

だが、その三年後には両支持派の争いが再燃した。親ビザンティン派は、シムマクスがギリシア教会暦ではなく、ローマ教会暦によって復活祭を祝ったと非難し、教皇を東ゴート王テオドリックに訴え、同時に教皇の重大な人格的罪をつけくわえた。ローマ元老院議員たちは東ゴート王に使徒座への巡察使の任命を願った。シムマクスはラヴェンナに召喚された。教皇は訴えが自分の人格に関すること、かつ親ビザンティン派がラウレンティウスをローマに連れもどしたことを知ったので、急いでローマに帰った。ローマは親ビザンティン派に抑えられていたので、教皇は聖ペトロ大聖堂に逃れなければならなかった。テオドリック大王はアルティヌム司教ペトロスを巡察使に任命し、訴えの審問をローマ教会会議に委ねた。

神の判決

この教会会議は五〇一（五〇二？）年三月～五月まで開催された。シムマクスは教会会議に出頭し、その判決に従うことを表明したが、大王の巡察使を教会法に従って、教会会議から除外することを条件とした。テオドリックはこの条件を受け入れなかった。その間に親ビザンティン派は訴え文を発表し、盛んに抵抗し、ついにローマにおいて流血の争いが起こったので、シムマクスは教会会議に出席しようとしなかった。教会会議は、教皇不在のため、教皇に関する審問をあえてしなかった。そしてシムマクスは使徒座の主として教皇自身に対する告訴について人々の法廷の前に立つ必要はなく、ただ神の判決のみに委ねられなければならないとした。さらに教会会議は、教皇シムマクスについて一切決定する権限をもたないと宣言し、かつ教皇シムマクスが使徒座の一切の権能に復帰すべきことを表明し、聖職者と民衆は教皇に従わなければならないとつけくわえた。

　しかしこの教会会議の決定にもかかわらず、争いは続いた。ローマ民衆はシムマクスに従ったが、一部の聖職者と元老院の大多数が親ビザンティン派になった。これには公然たる政治的理由がからんでいた。ビザンティンとの緊密な結合を願う彼らは、教皇と東ゴート王との親交を心よく思わず、シムマクスを背信者と見なしていた。五〇六年テオドリック大王が東ローマ帝国と激しく対立しローマ・親ビザンティン派を抑えた時、シムマクスは教皇職に専念できた。彼は東方教会との平和実現に力を尽さず、むしろ公けにキリスト単性論を優遇している皇帝アナスタシウス一世の干渉を拒絶した。カルケドン公会議の信仰決定を支持する人々に対する皇帝の権力支配の行為、特に多くのカトリック司教たちの追放は不満を高めた。

　キリスト単性論を否認するシムマクスの揺るがない使徒伝承のキリスト信仰の立場はビザンティンとの緊張関係を深めたが、彼の心は完全にまだローマ帝国への愛情にとらわれていた。それ故シムマクスは、教会の自由と発展のために、クロードヴィヒのカトリック受洗によるフランク王国の転換的事件やブルグンド王、シジスムントのカトリック改宗によるゲルマン世界における画期的変化に深い関心をはらわなかった。

和解のむなしさ

教皇ホルミスダス（五一四～五二三）の時、東西両教会間の和解が実現した。ユスティヌス帝（五一八～五二七）とその後継者ユスティニアヌス大帝（五二七～五六五）がそれまでの帝国教会政策を転換させた後、皇帝の願いに答えて教皇特使がビザンティン宮廷に派遣された。そのさいにホルミスダスは、使徒的信仰の原則であるカルケドン公会議の信仰決定とキリスト単性論の異端判決を明示した「カトリック信仰宣言書」を送った。それをユスティヌス帝は受諾した。皇帝は、ローマ司教の使徒座においてカトリック信仰が絶えず汚れなく保護されたこと、カトリック信仰のみが真のキリスト教の保証であることを承認した。全教会におけるペトロスの後継者の首位権が、すくなくとも理論的には承認されたのである。教皇ホルミスダスの「カトリック信仰宣言書」にコンスタンティノープル総大司教も五一九年署名した。反対したアンティオキィア総大司教はその司教座を去って、アレクサンドリアに逃れなければならなかった。

だが教皇の首位権に関する聖書証言の「マタイオス福音による一六章の一八節」の解釈において、皇帝と教皇とは別であった。ユスティニアヌス大帝も全教会におけるローマ教皇の首位権を尊重せず、皇帝優位主義を譲ろうとはしなかった。だが教会の法に入った宣言文は西方世界において影響をもち、ローマ教皇の普遍的首位権の発展のために力をもった。

東西の教会一致の再建はまもなく政治的変化をひき起こした。それによってテオドリック大王は教皇とカトリック教会に対するそれまでの寛容な態度を変えることになった。ビザンティンの帝国教会政策の目的は、キリスト単性論から離れて、教皇との主要障害を取りのぞきイタリアを東ローマ帝国へ再統合することにあった。かくてアリウス・キリスト教の東ゴート王国の支配権は傷つけられ、教皇とカトリック教会に対するテオドリック大王の不信が大きくなった。この政治的状況の変化における最初の犠牲者は東ゴート王国のラヴェンナ宮廷に奉仕していたローマ貴族ボエティウスであった。彼はパヴィアの城に投獄され、『哲学の慰め』を書いた。彼は裁判も受けることなく、国家の裏切者の罪責の下に五二四年処刑された。

政治の石うす

教皇ヨハネス（五二三〜五二六）は政治の同じ石うすの中に投げ込まれた。テオドリック大王によって教皇はビザンティンへ政治的特使として派遣されたが、目的を達しないまま帰還したのでラヴェンナ宮廷の不興をかった。ヨハネスはラヴェンナに牢閉され、五二六年不幸な死をとげた。テオドリック大王の圧迫の下に、東ゴート王国と親しいフェリクス四世（三世）（五二六〜五三〇）の教皇選挙が行われたが、それからまもなく東ゴート族の老支配者は死んだ。翌年の五二七年ユスティニアヌス大帝が東ローマ帝国の皇帝座につき、まもなくイタリア再征服戦争が開始された。この戦いは五五三年東ゴート王国の滅亡をもって終わることになる。

フェリクス四世は、親ビザンティン派と親東ゴート派の対立とラヴェンナ宮廷の教皇選挙に対する干渉を防ぐために、重い病の中で、首席助祭、ローマ市民のゴート人であるボニファティウス二世（五三〇～五三二）をローマの聖職者と元老院議員の保証の下で教皇に任命した。この教皇任命に対して、親ビザンティン派の司祭団はディオスクル（五三〇）を教皇に選出したが、四週間後に死んだため分裂はすぐ終わり、教皇ボニファティウス二世が承認された。

彼の後を継いだ親ビザンティン派のヨハネス二世（五三三～五三五）は、自派の親東ゴート派に対する政治的裏工作の結果教皇に選出された。かかる政治的事件は、ローマ元老院に対して教皇選挙における暗躍を禁止する教皇法令を出す原因となった。ヨハネス二世は自分の名を変えた最初の教皇であった。彼の生名は異教神の名メルクシウスであったので、ペトロスの後継者にふさわしい教皇名をとったのである。

ヨハネス二世の後継者としてローマ貴族出のアガペトゥス（五三五～五三六）が教皇に選出された。教皇は東ゴート王国のテオダハドの委任を受けてコンスタンティノープルに行かなければならなかった。それはユスティニアヌス大帝の東ゴート王国に対する攻撃戦争を休止させるためであった。教皇はビザンティン宮廷に好意をもって迎えられたが、一切は空しかった。しかし教皇は、ユスティニアヌス大帝の皇后テオドラが優遇していたキリスト単性論者のコンスタンティノープル総大司教アンティムスを解任し、使徒的信仰のメナスを叙階することができた。

教皇アガペトゥスはコンスタンティノープルで死に、次いで助祭シルヴェリウス（五三六～五三七）がテオダハドによって教皇座につき、後にローマの聖職者と民衆の賛同をえた。東ゴート王国は滅亡に向かっていた。五三六年十二月、東ローマ皇帝の将軍ベリサァルがローマを占領した。教皇シルヴェリウスは東ゴートとの友好関係の罪を問われ、国家の反逆者として戦争裁判で有罪にされ、追放された。彼はポンツァ島において過酷な責苦を受けて死んだ。

皇后テオドラの命令で、ベリサァルは名誉心の強い、しかし性格の弱いヴィジリウス（五三七～五五五）を教皇に選出した。彼は教皇特使としてコンスタンティノープルにおいてアンティムスの総大司教座復位を約束して、キリスト単性論に心を寄せていた皇后テオドラの優遇を受けていた。しかし彼は教皇シルヴェリウスの死後、正式に教皇座についてからキリスト単性論を承認するのをためらったため、皇后テオドラに酷い侮辱を受けた。教皇はまもなく皇帝優位主義のビザンティン帝国教会政策の思いのままになった。

三項目

ユスティニアヌス大帝が五五一年「三項目」の有罪判決の再考を新たに迫った時、教皇ヴィジリウスは暴力的虐待を受ける危険を感じた。ユスティニアヌス大帝は、帝国統合の政治的判断からそれまでの教会政策を変更しキリスト単性論者を優遇するために、「モプエティアのテオドロスをたたえるエデッサ司教イバス（四五七没）の手紙」、「アレクサンドリア総大司教キリロスに反論するキロスのテオドレトオス（およそ四五八没）の著書」、「モプエティアのテオドロス（四二八没）の人格と著書」の三項目の有罪判決の再考を迫った。

ヴィジリウスは、五五三年ユスティニアヌス大帝に召集されたコンスタンティノープル公会議に参加することをためらった。彼はコンスタンティノープルに滞在していたが、出席せず特使も送らなかった。皇帝の独裁的圧迫の下に、公会議は教皇とその支持者に教会破門を宣言した。そのためついに五四八年、ヴィジリウスはカルケドン公会議の信仰決定の立場を尊重しながらも「三項目」を有罪とした。彼は、ローマへの帰途、シラクス島で死んだ。

ヴィジリウスの教皇在位期は教会史の悲しい一頁である。この教皇はビザンティン皇帝権にほしいままにされ、皇帝教皇ユスティニアヌスは神政専制主義的に一切を行った。西方世界の司教団の大部分は教皇への信頼を失い、教皇から離れてしまった。アフリカ司教団は、教皇がカルケドン公会議の信仰宣言から離れたとして、教会の独立を宣言した。ミラノもアクィレアもローマから離れた。この教会分裂は、教皇ヴィジリウスの死後も続き、教皇職権能は西方世界でも東方世界でも地に沈んでしまった。

ビザンティンからフランクへ

次の教皇ペラジウス（五五六〜五六一）は五三六年以来教皇使節としてコンスタンティノープルに滞在していた。彼は「三項目」の争いにおいて、たゆまず文筆をもって西方教会の立場を代表し、ビザンティン皇帝権威に対する教皇の権能を主張し続けていた。しかしヴィジリウスの死後、ペラジウスはその態度を変えて、皇帝による「三項目」の有罪判決とコンスタンティノープル公会議を承認した。かくてユスティニアヌス大帝は彼をローマに帰し、将軍ナルセスに彼を教皇につかせることを命じた。ローマの聖職者と民衆は皇帝権力に抵抗し、教皇は西方世界の信頼をえられなかった。教会分裂が続き、教皇職の権能は完全にビザンティン皇帝の手に落ちてしまった。ローマ教会は政治的にも神学的にも教会的にもビザンティン帝国教会の一部分と見なされるようになった。

ヨハネス三世（五六一〜五七四）は、皇帝が彼に教皇即位の認可を与えるまで、待たなければならなかった。五六五年ユスティニアヌス大帝の死後まもなく、戦乱がローマとイタリアを襲った。五六八年ランゴバルド族はイタリアに侵入し、支配権を確立した。ビザンティン帝国はローマとイタリアを防衛して民衆を守ることができず、ローマは新たな危険状態に落ちた。身を捨てて平和交渉するレオ大教皇の如き人はローマに誰もいなかった。

教皇ベネディクトゥス（五七五〜五七九）はあらゆる困難と苦悩の中に死に、飢饉と病気が土地と民衆を苦しめぬいた。

教皇ペラジウス二世（五七九〜五九〇）が選出され、直ちに教皇に即位したが、ローマはすでにランゴバルド族の占領下にあった。ペラジウス二世はフランク王国の援助を求めた最初の教皇であった。しかし彼のすべての努力は空しかった。ビザンティン皇帝ユスティヌス二世（五六五〜五七八）はペルシア人、アヴァール人と国境戦を展開していた。ローマは皇帝にイタリアの防衛と保護をもはや期待できなかった。教皇ペラジウス二世の助祭かつ後継者グレゴリウスは教皇権とゲルマン諸民族との結合を構想し始めていた。

時代転換に立つ大教皇グレゴリウス

世界宣教のヴィジョン

大教皇グレゴリウス一世（五九〇〜六〇四）は古代から中世への新しい歴史的転換期に立っている。彼は最後の古代ローマ人かつ最初の中世的教皇であると言われる、彼は教会史においてばかりでなくヨーロッパ史においても偉大な歴史的存在である。

グレゴリウスは五四〇年頃ローマ元老院議員の家庭に生まれ、最良のローマ教養伝統を身につけていた。彼の心は滅亡した西ローマ帝国の歴史的面影と深く結ばれていた。しかし彼の眼差しは未来を建設する若い諸民族がすでに教会の門に立っている現実に注がれていた。彼は若いゲルマン諸民族をカトリック信仰へ導き入れることばかりでなく、普遍的世界教会の実現をヴィジョンとして心に抱き、ローマ教会の宣教使命を深く認識していた。

ローマはグレゴリウスの指導の下に西方世界におけるキリスト教の源動力となった。グレゴリウスはキリスト教と若いゲルマン諸民族との精神的出会いを指導し、キリスト教西欧中世の使徒的開拓者となった。彼は新たに発展していく西欧中世世界にキリスト教化の道を示したばかりでなく、この新しい世界における教皇職の権能のおよぶ西欧キリスト教共同体の基礎を造った。彼はこの遠大な世界宣教のヴィジョンのゆえに、大教皇とたたえ

教皇グレゴリウス1世（9世紀の作，ウィーン美術館）

られている。

グレゴリウスの父はシチリア島の地方長官で、広大な土地をもっていた。この土地にグレゴリウスは六つの修道院を創立した。さらに彼はローマ郊外の両親の家を修道院に改造し、使徒アンドレアスに奉献した。彼は五七二年頃ローマ市長官になったが、五七五年突如公務から身を退き、神の観想と孤独を求めて修道生活に献身した。しかし彼は聖アンドレアス修道院における神の観想と孤独に長くとどまることはできなかった。それは、教皇ベネディクトゥスとペラジウス二世がグレゴリウスを教会奉仕へと呼び出したからである。

ペラジウス二世は彼を助祭に叙階し、五七九年〜五八五年までコンスタンティノープルへ教皇特使として派遣した。ビザンティン宮廷においても、グレゴリウスは修道生活的静寂と清貧の中に生活した。ローマに帰ってからも彼は聖アンドレアス修道院に住み、東方教会との交流のために教皇顧問となって仕えた。グレゴリウスは、彼の心からの拒絶にもかかわらず、ついに五九〇年、ペラジウス二世の後継者として教皇座につくことになった。一四年間にわたる彼の教皇職はあらゆる領域において世界史的意義をもっている。保存されている八五四通の手紙には、大教皇グレゴリウスのキリスト教世界宣教の遠大なヴィジョンと神をあこがれる愛が見られる。

神のしもべたちのしもべ

ペラジウス二世のマウリティウス帝（五八二〜六〇二）宛の手紙はグレゴリウスによって書かれたものである。「ローマ皇帝権は天上の手によって導かれている」と告げて、「カトリック信仰がこの帝国の基礎、かつこの信仰の基礎はローマの聖ペトロスの座である」と付言している。グレゴリウスは全教会におけるローマ教皇の首位権の思想と精神につらぬかれている。しかし「ペトロスの座」の権能は、六世紀において東方世界ばかりでなく、西方世界でも弱められていった。ローマ教皇の首位権はビザンティン皇帝に保護されたコンスタンティノープル総大司教に移ってしまったかのようであった。コンスタンティノープルのヨハネスは、「エクメニコス・パトリアルヘス」、すなわち全帝国の総大司教を意味する称号を五九五年公式に用いた。グレゴリウスはこの「エクメニコス・パトリアルヘス」の称号表現の中に、キリストの制定に対して罪を犯す反キリスト的奢りが働くのを直観した。グレゴリウスは次のように語っている。「ペストと剣は世界を荒廃させ、民族は民族と争い、全世界は脅威の中にあって、地上は崩壊し、反キリストの奢りの王が近づいているから……この奢れる反キリストに対して、司祭団は働いている」（手紙五の一八）。またグレゴリウスはキリストの教会への燃える愛と奉仕において、自分を「神のしもべたちのしもべ」と呼びながら、自らの使命を語っている。

ふさわしくなく弱い私は、あらゆるところから高波にもまれて流れている、古いこけの船板が絶えず嵐にたたかれて沈没を告げている小舟を受けとりました。

教皇職の使命と活動

グレゴリウスは根本において修道者の如き教皇であり、同時に政治家の如き教皇であった。ユスティニアヌス大帝の没後、ビザンティン諸皇帝は進出するゲルマン勢力からイタリアを防衛できず、ローマは五九二年七月ランゴバルド族に占領された。その時グレゴリウスは「ローマに献げる弔辞」と呼ばれた市の滅亡について説教した。ビザンティンからは見捨てられて、ローマとイタリアの民衆は死の不安に投げ出された。

グレゴリウスは、かつての大教皇レオの如く、ランゴバルド族との平和交渉に乗り出し、自由解放の保証金をもって休戦を迎えることができた。しかしビザンティン皇帝がそれに反対したため、ランゴバルド族の掠奪行動は続いた。五九八年、初めてグレゴリウスの平和仲裁活動によって休戦条約が結ばれることになった。彼はそれを国家の平和実現への使徒的奉仕と考えていた。かかる危機状況において、グレゴリウスはビザンティンからの教会の自由と平和をもたらした。

ローマ市民ばかりでなく、ランゴバルド人も、五八四年以来ローマに駐在していたラヴェンの皇帝代理の中にではなく、グレゴリウスの中にローマの最高の代理者を認めるようになった。苦しむ民衆を助けるために、グレゴリウスは救済手段として教会財産を提供した。六世紀末には、教皇の模範にならって、多くのローマ貴族の子弟が教会奉仕に生き、彼らの相続財産を教会と民衆のために献げた。また相続人のいない貴族たちも彼らの所有地の権利を教会に委ねた。かくてローマ教会はイタリア全土とシチリアに広大な土地をもつようになった。それは後の教皇領の先触れであった。

グレゴリウスは、苦境と飢餓の時代における悲惨な民衆を救済するために、合理的な土地の経営と管理を行い、生産と収入を高める努力をはらった。教皇の指導の下で、ローマ教会は生活苦にあえぐ民衆に穀物を分配し、他方では、イタリアやシチリアの大農園で働く農民の人格を尊重して彼らの物質生活を保護したので、教皇に対するローマとイタリア民衆の信頼感は高まっていった。ローマ教会は土地や財産の管理組織をもって宣教活動の発展の基礎を造った。しかし、それはまた教皇職の世俗化への道を準備することにもなった。だがグレゴリウスの土地と生産に対する組織的政策は、純粋に教会の使命としての民衆への奉仕から出たものであった。ローマ教会領地の収入はグレゴリウスに社会福祉や貧民救済の豊かな手段を提供した。

貧しい聖職者や修道院が教皇グレゴリウスの保護を受けたばかりではない。彼は、ランゴバルド族の暴力から逃れ、苦しむ多くの人々のために救済計画を組織してキリストの愛の実践を展開している。この時代、マウリティウス帝の東ローマ帝国はペルシア人、スラヴ人、アヴァール人の攻撃を受けて重大な危機にあった。東ローマ皇帝はランゴバルド族に対戦する有効な軍事力をもっていなかった。かかる時代状況の中で、グレゴリウスは民衆救済組織の活動によってローマとイタリアにおける地上の平和の責任を担ったのである。

諸民族のカトリック化

グレゴリウスが修道院の静寂と神の観想とにあこがれていたのは、彼の多くの手紙によって明らかである。しかし彼はまたキリストの教会の最高牧者として深い責任感をもって時代の嵐の中に立ちつくしている。彼のキリストへの信仰情熱は、キリスト教的な人間生活と教会生活の維持と再建に燃やされていた。グレゴリウスは、「修道院の生活刷新」や「ミサ典礼の刷新」に司牧的心をはらった。この彼のキリスト教霊性の促進から『グレゴリウス秘跡書』や『グレゴリウス・ローマ教会聖歌』が実ったのである。

教皇史上、グレゴリウスは教会にとってのゲルマン諸民族の新しい意義を決定的に認識した最初の教皇であった。グレゴリウスがゲルマン諸民族をローマ・カトリック教会に導き入れようと宣教開始をしたことは西欧の未来にとって一大歴史的事件であった。グレゴリウスの教皇即位の前年の五八九年、イスパニア・西ゴート王レカレドがアリウス・キリスト教からローマ・カトリック教会へ改宗して、イスパニアの全土がカトリック化していった。グレゴリウスはレカレド王や、特にセヴィリア大司教レアンドロ（およそ六〇〇年没）との親交によってイスパニアのカトリック化のために神のしもべたちのしもべの心をもって協力した。さらにグレゴリウスは地方国家教会化しつつあったフランク教会に対してローマとの一致を実現しようと努力して、アルル大司教をフランク教会における教皇代理に任命し、フランク宮廷とフランク司教たちとも文通をもって親交を深めた。

また異教徒かつアリウス・キリスト教のランゴバルド族のカトリック教会への改宗は、バイエルン公の息女、ランゴバルド王妃テオデリンデ（六二七／六二八没）の功績である。彼女はランゴバルド族をカトリック信仰へ導く大地を耕し、グレゴリウスは彼女との親交をもってランゴバルド王国のカトリック化を指導した。テオデリンデ王妃の王子、若いランゴバルド王はカトリック洗礼を受け、ランゴバルドとイタリア間の平和が促進された。

アングロサクソンの教化

五九六年にグレゴリウスの歴史的な計画が着手された。彼はローマの聖アンドレアス修道院の修道院長アウグスティヌスをおよそ四〇人の修道者と共に、アングロサクソン人のキリスト教化のためにブリタニアに派遣した。この教皇の宣教構想は、ケント王エセルバード王妃ベルサがフランク王カリベルトのカトリック王女であったことによって実現へと移すことができた。彼女は宣教師団を喜んで迎えた。まもなくアウグスティヌスはローマに実り豊かな報告をすることができた。

五九七年クリスマスの祝日に、エセルバード王は数千人の領地民と共に受洗した。グレゴリウスは新たな宣教師団を派遣してブリタニアのアングロサクソン人のキリスト教化を推進した。グレゴリウスは宣教師団の指導者アウグスティヌスを司教に任命して、イングランド教会の組織化に努め、カンタベリーは首座司教座教会となった。

グレゴリウスはゲルマン諸民族の生活習慣にキリスト教を順応させることを命じている。六〇一年カンタベリーのアウグスティヌスに宛てたキリスト教の順応に関するグレゴリウスの手紙は、いかに教皇としてひろやかな深い慈愛あるキリストの牧者の心と理解をもっていたかを語っている。彼はできるだけ民族の生活風土にキリスト教を植えつけて、キリスト教の精神と本質とで満たすようにと勧告している。アングロサクソン人の伝統的な祝日や喜びはとどめるべきであるとさとし、かかる形で外的な喜びを味わうならば、内的な喜びを見出すからである、と書いている。

グレゴリウスは多くの著作をもって、西欧世界の未来におけるキリスト教生活の形成と発展に大きな影響を与えた。特に彼の『司牧規則書』は全中世の聖職者に司牧と修徳の実践的道を示し、三五巻におよぶ『ヨブ記註解』は『道徳』と呼ばれ、西欧中世における倫理神学と修徳霊性の基本的入門書であった。また四巻からなる『対話』は体験的講和による信仰生活への案内書である。この書の中には、西欧修道生活の父と呼ばれているヌルシアのベネディクトゥス（およそ五四七没）の姿と生活が語られている。

教皇グレゴリウスの心の豊かな芳香をとどめている説教がある。彼は教父たち、特にアウグスティヌスの著作から純粋なキリスト教的神学思想を汲みながら、旧約と新約の聖書を注解している。グレゴリウスの思想と精神は古代キリスト教の信仰生活と深く結ばれている。彼によってアウグスティヌスは西欧中世に紹介された。グレゴリウスは古代末期の教父時代から新時代へと進んでいく転換期の人であり、あらゆることにおいて新しい未来を準備した大教皇である。

七世紀の教皇たち

東西の対立

教皇グレゴリウスは彼の時代よりも早く一世紀を先取していたが、後の教皇職を担った人々はグレゴリウスによって実現された高さを保つことができなかった。彼の後継者たちはビザンティン帝国の教会政策のいいなりになって、東方的皇帝優位主義の帝国権力に抑えられていた。東西の内的分離は急速に進展した。ビザンティン帝国の組織的なヘレニズム化が行われ、七世紀の公的文書においては、ラテン語が廃止され、ギリシア語が帝国の公用語となった。言語上においても東西の対話がほとんど不可能になり、だんだん西方世界に対する東方世界の関心が消えていった。

ビザンティン帝国はペルシアと戦い、その後まもなくイスラムの侵入によってひき起こされた危機下にあって財政破綻に瀕して増税が必要となった。イタリアと西方世界に課せられた税は激しい拒絶と抵抗をひき起こし、東西の敵対関係は一段と悪化していった。かかる状況の中で、グレゴリウスの大胆な組織的計画であったゲルマン諸民族のキリスト教への宣教化と統合化は、七世紀末、ローマ教会が生きるためにどうしても必要となっていったが、ローマ教会とフランク国家とのキリスト教的連帯同盟の実現は八世紀まで待たねばならない。七世紀の教皇たちは、ことごとくみな、古代のビザンティン・ヘレニズム的地中海世界の精神の持ち主であった。

七世紀の教皇たちの在位期間は、それぞれ短かった。サビニアヌス（六〇四〜六〇六）とボニファティウス三世（六〇七）は、教皇に選出される前、コンスタンティノープルにおける教皇特使で、ビザンティンに忠実であった。フォカス帝（六〇二〜六一〇）が、教皇ボニファティウス三世に、「ローマ教会は全教会の頭」であると宣言したとしても、また『教皇列伝』がビザンティン総大司教の普遍的要求に対する勝利を歌っているとしても、それは大して意義のない政治的承認にすぎなかった。

教皇ボニファティウス四世（六〇八～六一五）はフォカス帝からローマのパンティオンを贈られ、それを教皇は聖マリアとすべての聖なる殉教者にささげる教会に造り変えた。これは異教の神殿をキリスト教の教会に改造した最初の例である。デウスデディトゥス（六一五～六一八、後にアデオダトゥス）とボニファティウス五世（六一九～六二五）は、ビザンティン皇帝代理、ラヴェンナのエレウテリウスのコンスタンティノープルに対する反乱にまき込まれた不幸な教皇たちであった。

ホノリウス問題

コンスタンティノープル総大司教セルジウスは、エジプトのキリスト単性論者を再び帝国教会と和解させるために、一つの新しい試みを計画した。彼は、「キリストにおける二つの本性」の関係については、キリスト単性論者が主張した「二つの本性の一致」の代わりに、「二つの意志の一致」を説いた。「キリストにおける神の意志と人の意志とは互いに結合し、一つである。この意志の一致がキリストにおける唯一の神人の力《エネルギー》である」と。

この表明をもって、彼は多くのキリスト単性論者を味方にひき入れた。セルジウスは彼の見解を教皇ホノリウス（六二五～六三八）に宛てて送り、教皇はこれを是認した。教皇はギリシア神学をよく理解していなかったため、それをキリストにおける神の意志と人の意志の絶えざる心的一致としてだけ理解し、セルジウスのいうところの存在的本性一致としては理解しなかった。この教皇の解釈は後に問題を残すことになった。「我々は我々の主イエスス・キリストの唯一の意志を宣言する」とホノリウスは書いている。ここではホノリウスは唯一の意志ということを心的一致と理解している。その上で彼はキリストに一つの力があるとか二つの力があると語ってはならないと警告した。

セルジウス宛の第二の手紙においても、ホノリウスは、まだセルジウスの思想を十分理解せず、「キリストにおける心的な唯一の意志を主張するにせよ、一つあるいは二つの力について語ることは、信仰のつまずきを与える新しい発見である」と書いている。それにもかかわらず、セルジウスは、六三八年、「キリストには唯一の意志があった、すなわち人間としての意志はなく神の意志だけがあった」と述べた。それは心的一致の理解ではなく、存在的一致の理解に他ならなかった。疑いもなく、それは異端思想であった。

六八一年のコンスタンティノープル公会議はセルジウスの思想を有罪と判決し、その発言者に教会破門を宣言した。教皇レオ二世（六八二〜六八三）はこの公会議の信仰決定を受けとって、彼の前任者ホノリウスに対して使徒的伝統の信仰真理をゆがめて、真のキリスト教信仰を汚したと宣言した。しばらくして、教皇レオ二世は、ホノリウスがセルジウスの異端に直接係わったのではなく、異端思想の火を初めに消さず、怠って優遇してしまった、と弁護した。

後世ホノリウスのセルジウス宛の二つの手紙の内容を「使徒座から」の決定文書として

見なすべきかどうかが問題になった。この問題は一八七〇年の第一ヴァティカン公会議においてさかんに議論され、ロッテンブルク司教ヘーフェレに代表される少数派はこれを「使徒座から」のものだとしたが、公会議の多数派は「使徒座から」のものではないとした。そして多数派は次のように述べた。ホノリウスは絶えずカルケドン公会議の信仰宣言を守ろうとしていたが、彼は決定の重大さを認識しないまま答えてしまった。彼の答は誤まりであったが、教皇は個人的見解において誤まることができる。ホノリウスは、キリスト単意論に好意を寄せて、その手紙において教皇個人の見解を表明したのである。それは手紙の内容と形式から確かに認められる、と。

ホノリウスは大教皇グレゴリウスの愛弟子、信仰深い、ヴィジョン豊かな教皇でもあった。彼は教会財産を管理し、教皇職に心身を献げて奉仕し、アングロサクソン人への宣教にも心のかぎりつくした。彼はイングランド教会の組織造りをしてカンタベリーとヨークを大司教座とした。また、彼はランゴバルド人のカトリックへの改宗のためにも献身した司牧的教皇であった。

神学と政治のからみ

セルヴェリヌス（六四〇）は、六三八年教皇に選出されたが、六四〇年初めて皇帝の承認を受けることができた。次の教皇ヨハネス四世（六四〇〜六四二）はキリスト単性論者との親交を捨てた。六四一年のローマ教会会議はキリスト単意論に異端判決を下した。教皇テオドルス(六四二〜六四九)は東方神学におけるキリスト単意論を否認した。皇帝コンスタンス二世(六四一〜六六八)は一般的沈黙令をもってキリスト単意論をめぐる争いを終わらせようとしたが、論争は続き帝国は混乱していった。アラビアの侵入の嵐がパレスティナ、エジプト、北アフリカに吹きまくった時、皇帝の代理者たち、北アフリカのグレゴリウスとイタリアのオリンピオスは自分たちの支配権の樹立を企てた。これらの新しい支配者たちは皇帝の宗教政策に反対して西方世界の反キリスト単意論の側についたので信仰問題は政治問題ともなっていった。

マルティヌス(六四九〜六五五)が皇帝の承認なしに教皇座につき、六四九年十月、教皇テオドルスが召集したラテラノ教会会議を続行して、キリスト唯一意志論の支持者を教会破門にした時、皇帝の怒りは爆発した。皇帝代理オリンピオスは、教皇を捕えてコンスタンティノープルに送るように命令を受けたが、教皇を保護した。マルティヌスは三年間は無事に教会を指導することができたが、オリンピオスがシチリアで戦死すると、情勢は変わった。新しい教皇代理テオドロス・カリオパスは六五三年六月教皇をラテラノ・バジリカで捕えてコンスタンティノープルに送った。教皇マルティヌスは、オリンピオスの反乱に味方した理由で虐待の末、皇帝裁判に立たせられ、死の宣告を受けたが、終身追放となって、六五四年春クリムに流刑され、翌年死んだ。流刑地からのマルティヌスの手紙は彼の深い心の痛みを語っている。彼はビザンティンの教会支配の犠牲、「西欧的教会の自由の殉教者」であった。

皇帝権と教会の自由

エウジェニウス（六五四～六五七）が皇帝の圧迫の下で教皇に選出されたことを教皇マルティヌスは知らなかった。新教皇は皇帝の意志に従って、ビザンティンとの平和を再建しようと願ったが、まもなくビザンティン帝国の教会政策との対立の淵に落ちてしまった。彼の早死のみが前任者と同じ運命をたどることをまぬがれさせた。またギリシアの修道神学者、証聖者マクシモス（六六二没）はカルケドン公会議の信仰宣言を忠実に生き、キリスト単意論と戦い、ローマとの一致を求めたが、彼は六五三年皇帝コンスタンス二世によって追放され、悲運の末にコーカサスで生涯を終えた。

教皇ヴィタリアヌス（六五七～六七二）はビザンティン教会支配から逃れることができなかった。教皇は、ついに皇帝の意志に屈服して、信仰教義上の相違を深慮しないで、ローマとコンスタンティノープルとの一致関係を取りもどそうとした。コンスタンス二世が六六三年ローマにきた時、彼のビザンティン宮廷はイスラムの侵入によって脅かされていた。皇帝は、宮廷をコンスタンティノープルから西方へ移すことを考えていたが、イスラムよりもランゴバルドがビザンティン皇帝権にとって脅威であることを知り、コンスタンティノープルに帰った。ローマは皇帝優位主義の支配下に置かれるのをまぬがれることができた。六六六年皇帝は総大司教下からラヴェンナを独立させることによって権力を示威した。この皇帝のローマ総大司教区への干渉は全西欧において問題となり、一時的に皇帝権への拒絶と教会の自由の意識が西方世界に高まっていったが長くは続かず、また次第に東西の教会的一致が求められていった。

その頃イングランドでは、六六四年のストリーズホーク教会会議で使徒座ローマとの連帯的一致を決議した。教皇ヴィタリアヌスによって修道者テオドロス（六九〇没）はカンタベリー大司教に叙階され、アングロサクソン教会の開花期を築きあげた。それ以来、イングランド諸王や司教たちのローマへの旅が、使徒ペトロスと彼の後継者への尊敬心を育み、ゲルマン諸民族とローマとのキリスト教的結合精神を形成していった。他方、教皇アデオダトゥス二世（六七二～六七六）とドヌス（六七六～六七八）は皇帝コンスタンティヌス四世（六六八～六八五）の新しい教会一致の平和政策に協力した。教皇アガト（六七八～六八一）に宛てた皇帝の手紙は、コンスタンティノープルとローマ間の教会一致の再建の願いを告げている。

六八〇年～六八一年のコンスタンティノープル公会議の召集がこの東西の教会一致を決定することになった。キリスト単性論は否認され、東西の信仰真理の一致はカルケドン公会議の信仰宣言に基づいて再建された。コンスタンティノープル公会議は教皇アガトの信仰教義に関する手紙を心から歓迎した。使徒的信仰の守り主としてのローマ教皇の牧者的叫びは聞き入れられた。教皇レオ二世（六八二～六八三）は感謝の思いをこめた手紙の中で皇帝の好意をたたえ、新たに信仰の自由に生きるキリストの教会のために皇帝の保護を願っている。

教皇ベネディクトゥス二世（六八四～六八五）の願いに答えて、皇帝コンスタンティヌス四世は、勅令をもって、彼の前任者たちが決定したラヴェンナ教会の独立宣言を撤回した。皇帝ユスティニアヌス二世（六八五～六九五／七〇五～七一一）は東西の教会平和の樹立を固めた。ヨハネス五世（六八五～六八六）とコノン（六八六～六八七）は対外的な緊張がない時期の教皇であった。

新しい方向

教皇セルジウス（六八七～七〇一）の在位中に新しい争いが起こった。六九二年皇帝ユスティニアヌス二世は、コンスタンティノープル宮廷において帝国教会会議を開催し、西方教会に対する敵意をもって一〇二条の決議文を宣言した。皇帝は教皇を西方教会の総大司教と記して、東方教会の法に従うことを文書をもって命じたが、この文書を教皇セルジウスは拒絶した。イタリアのビザンティン将軍ザカリアスは、教皇を捕えてコンスタンティノープルに送るようにとの皇帝の命令を受けとった。それに対してローマ民衆は教皇を守るために立ちあがり、またラヴェンナの軍隊も皇帝の命令を拒絶した。ザカリアス将軍は教皇に救いを求めたが、民衆によってローマから追い出された。こうした事態にビザンティン皇帝は手を下せなかった。

その間にビザンティン帝国は内部的権力闘争と皇帝座をめぐる政争の渦中に落ち、皇帝ユスティニアヌス二世は、税制圧迫と政策的苛酷のゆえに憎まれ、倒されてしまった。八世紀中葉まで、ビザンティン皇帝権の交代は絶え間なく続き、このようなビザンティンの政争状況はローマと西方世界にも大きな影響をおよぼした。教皇ヨハネス六世（七〇一～七〇五）はビザンティン皇帝代理と争ったが、続く教皇ヨハネス七世（七〇五～七〇七）、教皇シシンニウス（七〇八、二〇日間のみ）、教皇コンスタンティヌス（七〇八～七一五）はビザンティン皇帝と和平を結んだ。しかしこの平和は長く続かなかった。教皇コンスタンティヌスまでの時代をもって、ローマ教皇たちのビザンティン時代は終わった。ローマ教皇職はゆるやかに新しい方向へと動き出し、教皇たちはフランク人とのキリスト教的連帯同盟へと向かっていった。

3 西欧中世初期

使徒ペトロス（中央）がカール大帝（右）に旗を，教皇レオ3世（左）にストラを授ける。
（ラテラノ大聖堂のモザイク，8世紀の作）

教皇とフランク人との連帯同盟

東西の関係

八世紀初葉、ビザンティン、アフリカ、イスパニアにはイスラムの征服の嵐がひろがり、キリスト教地中海世界は危機状況にあったが、皇帝レオ三世（七一七～七四一）はキリスト教東方世界をイスラム進撃から守り、フランク王国の宮宰カール・マルテルは、七三二年トゥール・ポアチエの戦いでイスラムの征服軍を破り西欧を救った。フランク王国はキリスト教西欧の防衛のとりでとなった。

教皇たちはビザンティン皇帝のしもべのようであった。六七八年～七五二年の一三人のローマ司教たちのうち一一人はシチリア、ギリシア、シリア生まれで、ギリシア・ビザンティン文化圏の人間であった。ベネディクトゥス二世とグレゴリウス二世はローマ人であったので、精神的には崩壊した古代ローマ帝国を愛する人であった。八世紀の教皇たちは次第にローマ帝国からフランク王国との連帯関係へと接近していった。

グレゴリウス二世（七一五～七三一）は東方的教会政策を熟知していた。皇帝レオ三世が戦争のために重税を課した時に、教皇はビザンティンの重税政策に反対した。皇帝が教皇を捕えるように命令した時、イタリア軍隊は教皇を守った。さらに皇帝による聖画像破壊闘争が東西の対立を深めた。皇帝のこの行動は政治的動機から出たものであったが、聖画像崇敬を軽蔑していたからでもある。聖画像崇敬は今や聖画像を否認するアラビア人や、ユダヤ人、ビザンティンの民衆や修道院にもひろがっていた。またキリスト単性論者もキリストの芸術的表現を否定した。神人キリストを表現するなら、その二つの本性を表現しなければならない。だがキリストの神性は画像に表現できない。かくてキリスト聖画像は信仰の危険かつ異端である。さらに素朴な民衆は聖画像を偶像礼拝するであろう。このことは聖マリアや聖人の聖画像についてもいえる。かくて聖画像やその崇敬は避けなければならない。皇帝はこの立場をとった。

皇帝は七二六年『聖画像禁止令』を発布し、聖画像破壊運動を続行した。コンスタンティノープル総大司教《パトリアルカ》ジェルマノスと教皇グレゴリウス二世は皇帝の禁止令に反対を宣言した。教皇は断固として聖画像崇敬信仰態度を変えなかったので、ローマとビザンティンとの断絶の溝は一段と大きくなった。

教皇とフランク教会

七一九年春、アングロサクソンの修道宣教師ウィンフリード（七五四没）がローマを訪れた。グレゴリウス二世は五月十五日彼にフリージアとザクセンの福音宣教の全権を委ね、ウィンフリードにボニファティウスの名を与えた。ここに「ドイツの第一の使徒」が誕生した。その三年後、ボニファティウスが二度目のローマ訪問をした時、教皇は七二二年の十一月三十日に彼を司教に叙階した。ボニファティウスはローマ教皇に奉仕する特別な誓約をし、彼の宣教司教区はローマと強く結ばれた。新司教に託した教皇のカール・マルテル宛の手紙は、教皇とボニファティウス、さらにローマとフランクとの新しいキリスト教的連帯同盟へと導いた。ウェセックス王イーニ（七二九？没）がローマの修道院に入ったので、教皇はアングロサクソンとの強い連帯をもち、さらにランゴバルド王リウトプラントやバイエルン公テオドーとの関係をも深めていった。

次の教皇、グレゴリウス三世（七三一〜七四一）は前任者の基本方針を推進した。教皇は七三二年、ボニファティウスを大司教に叙階した。彼の新しい教会管区はライン右岸のフランク王国の支配下にあるゲルマン地域、さらにアレマンとバイエルンであった。グレゴリウス三世は、ボニファティウスが三度目のローマ訪問をしたさいに彼を全ゲルマニアの教皇特使に任命した。ボニファティウスによるバイエルンからザクセンにひろがる教会の組織と改革、彼の指導によるフランク教会会議は、ローマ教皇職がフランク王国に大きな影響をもったことを示している。

フランク王国と教皇

グレゴリウス三世は、ローマに迫るランゴバルドに対する援助をカール・マルテルに願ったが、それは実現できなかった。その間、コンスタンティノープルとローマとの関係は悪化していた。教皇が七三一年十一月ローマ教会会議において、聖画像破壊論者に教会破門を宣言した時、皇帝レオ三世は軍船をもってローマ、ラヴェンナ、ヴェネツィアを威圧した。この皇帝の処置はローマにとって悲劇であった。皇帝の直接的支配下にあった地域はコンスタンティノープル総大司教区だけで、アンティオキィアとアレクサンドリアはアラビア人の支配下に、またイタリアはランゴバルドの支配下にあった。ローマは孤立化し、東ローマ帝国から突き放されたと感じた。教皇の心は複雑であった。ビザンティンからは見捨てられ、フランクからは支持されず、教皇はランゴバルドの進軍の嵐の前に無力であった。教皇にとってローマ市民が彼の周りに団結していったことは心の希望であった。ローマとイタリアは教皇の中に教会的・政治的指導者を見た。

教皇ザカリアス（七四一〜七五二）は指導的責任をとった。教皇はランゴバルド王リウトプラントと会見し、激しい論戦の末、ランゴバルド王からローマ教会の領地を取りもどすことができた。さらにランゴバルド王は、ローマ領域における二〇年間の休戦を約束した。ランゴバルド王家に対する教皇の宗教的影響は、ラートチス（七四四〜七四九）の治政下において特に強まった。だがラートチスは弟アイストルフに王位を奪われ、モンテ・カッシーノの修道者となった。新たな王アイストルフはイタリア征服計画に着手した。

この頃フランク王国に変動が起こった。ボニファティウスによるフランク教会の指導によって、教皇の霊的権能がフランク人の信仰意識の中に成長した。七四一年カール・マルテルの後を継いだピピン（七六八没）は、教皇の中に最高の宗教的・倫理的権威を認めた。そのことは、ピピンが無能な最後のメロヴィング国王の廃位によってメロヴィング・フランク王国を担う道を開いた時、現れた。ゲルマン王国の強い宗教的基礎をふまえて、ピピンは教会の聖別式によってより国王権威を強めようとした。ピピンは教皇ザカリアスに尋ねた。「権力をもたない者が王と呼ばれるかどうか」「権力をもっている者が王と呼ばれるべきかどうか」。ピピンの問いに対して、教皇は「権力をもっている者が王と呼ばれる」と答えた。ピピンは教会の最高の霊的権能に支えられ、七五一年〜七五二年ソワソンにフランク国家会議を開催し、ついにフランク国王に選出された。教皇は一フランク首座司教にピピンの国王塗油・聖別の式を行わしめた。

教皇ザカリアスはカロリング・フランク国家へ心と眼を強く注いだ。このことはヨーロッパ史の画期的転換であった。教皇はピピンに個人的会見を願った。ピピンはこの教皇の願いを受諾した。ピピンは教皇に対する感謝からばかりでなく、ペトロスの教会をあらゆる敵から守る使命と義務をもつ宗教的・倫理的理念を実現できると考えていた。

フランクへの旅

教皇ザカリアスが世を去り、ステファヌス二世（七五二）が選出されたが、その三日後、教皇即位式前に死んだ。新たにステファヌス二世（三世）（七五二〜七五七）が教皇に選出され即位した。まもなくランゴバルドのローマへの攻撃が始まった。教皇はビザンティン皇帝に援助を願ったが、ローマは見捨てられた。教皇はローマ市民と共に、裸足で悔悛の衣を着てラテラノ・バジリカのキリストのイコンをかかげて、危機克服の祈りの行列を行った。

七五三年九月フランク国家使節、メッツ大司教クローデガングがローマを訪れ、教皇にフランクへの招きを告げた。同時にコンスタンティノープルからランゴバルドとの平和に関する皇帝命令が教皇にとどいた。教皇は皇帝使節とフランク使節と共にパヴィアへ出発した。教皇はランゴバルドとの平和交渉が決裂したなら、フランクへ向かう決心をしていた。ついに平和交渉は実らず教皇はフランク使節と共にフランクへ旅立った。

このパヴィアの訣別はビザンティン帝国からの教皇の自由、かつローマ教会のビザンティンからフランクへの移行を象徴している。ピピンはポンティオンで教皇の訪れを待ち、彼を迎えるために若きカールを送った。ピピンは七五四年一月六日教皇を迎え、ビザンティン儀式に従って教皇の前にひざまづき、彼の馬の手綱をとって宮廷に導き入れた。翌日フランク国家は教皇職とのキリスト教的連帯同盟を結んだ。教皇ステファヌス二世はフランク国家でその冬を過ごした。

教皇領

ピピンは有名な『寄進状』において、教皇に教皇領の贈呈を約束し、これによって教皇領成立の基礎がおかれた。教皇職とフランク国家とのキリスト教的連帯同盟の関係はますます進展した。ステファヌス二世は、七五四年七月二十八日ピピンにフランク国王即位の塗油と聖別の式と、彼の子らカールとカールマンに塗油を授けた。これを記念して、教皇は彼らに「ローマ人の貴族」の称号を贈った。この称号はローマの保護職の委譲を意味した。教皇は東ローマ皇帝がもはやもつことができなくなったローマ教会の保護権をフランク国王に委ねたのである。

七五四年夏、ピピンはフランク軍隊をひきいてアルプスを越え、ランゴバルド王国に進撃し、アイストルフ王に教皇へラヴェンナを返還することを約束させた。二年後アイストルフ王は平和条約を破ってローマに迫ったが、フランク軍隊に敗れ、征服地域を教皇に返還しなければならなかった。こうして教皇領は現実のものとなった。ところが東ローマ皇帝が教皇領の帝国への返還を要求してきたので、ピピンは「私は使徒ペトロスへの愛から、自分の罪の許しを求め、教皇に教皇領を提供した」と答え、同時に皇帝に対し友好を約束し、「ローマ人の貴族」の称号を受けないことにした。

同じ頃、皇帝コンスタンティヌス五世は教会会議を開催して、反聖画像破壊論者を罰し、帝国内に聖画像破壊の旋風をまき起こした。教皇は聖画像崇敬論をつらぬいたため、ローマとコンスタンティノープルの溝はさらに大きくなった。教皇パウルス（七五七～七六七）は彼の選出報告をビザンティン皇帝にではなく、フランク国王にした。それは教皇のビザンティン帝国からの訣別であった。

デシデリウス（七五七～七七四）が、教皇との平和の中に、ランゴバルド王になったが、彼は再びイタリア征服計画を取りあげ、ビザンティンと同盟を結んだ。ローマに新たな危機が訪れた。ピピンは教皇を支持し、教皇に忠実であったが、アキテーヌにおける戦争にしばられ、動けなかった。かかる情勢は教皇パウルスにとって不安であった。フランク国家への信頼と教皇意識とが困難な状況の中に置かれた彼を支えていた。

カール大帝の出現

西欧中世の最高の支配者カール大帝（七六八～八一四）は、ボニファティウスとピピンによるフランク国家と教皇職との結合の事業を完成した。

七六七年教皇パウルスの死後、ビザンティンのローマ派遣将軍テオドルスは弟のコンスタンティヌスを選挙なしに教皇にした。彼は教会法を無視して叙階を受け、教皇職にたずさわった。それに対し、反対派はランゴバルド王の援助をもって、選挙なしに修道者フィリップスを教皇にした。教皇職はローマの貴族党派の政争にまで発展したが、結局フィリップスがステファヌス三世（四世）（七六八〜七七二）として教皇に選出された。七六九年四月ローマ教会会議が新しい教皇選挙制度を定め、将来俗人の干渉が行われないようにした。選挙権は聖職者のみに与えられ、被選挙権は枢機卿《カルディナル》司祭と助祭のみに限定された。俗人は賛意を求められるだけ、ということになった。しかし、この制度は遵守されなかった。教会会議は聖画像破壊論を否認し、またコンスタンティヌスを偽教皇と宣言したため、まもなく教皇ステファヌス三世は政争の渦中に落ちた。

カールは母ベルタの仲介によって、デシデリウス王の娘と結婚した。初め教皇はランゴバルドの征服政策を恐れていたためこの結婚に反対したが結局教皇はその態度を変えてランゴバルドと同盟を結ぶにいたった。しかしデシデリウスは同盟を守る意志をもたなかった。教皇は七七二年二月三日世を去った。

フランク国家に新しい転換が起こった。七七一年二十二歳のカールマンの早死によって、カールはフランクの全支配権を握った。カールマンの妻子はデシデリウスに保護を求めた。彼はカールに、カールマンの幼い二人の子らに相続権を与えるようにと迫った。カールはそれを怒り、政治的結婚同盟を解いて、王妃を父デシデリウスのもとへ帰したので、カールとデシデリウスの間には突如死を決する敵対関係が起こった。

新教皇ハドリアヌス（七七二〜七九五）は苦しい状況に立った。デシデリウスはカールマンの子らに国王塗油を授けるように教皇をおびやかし、ランゴバルドとの同盟を迫ったが、教皇はそれを拒絶し、フランクとの同盟を望んだ。デシデリウスの新たな脅迫と攻撃が教皇領に対して始まり、七七二年〜七七三年の冬、ランゴバルド軍隊はローマを占領した。この危機に直面して、教皇はフランク国家の援助を願う決意をした。カールはランゴバルド軍隊を撃破し、七七四年三月フランク軍隊を率いてローマに入った。教皇はカールを華麗な式典をもって迎えた。カールはローマで復活祭を祝い、四月六日、七五四年の『ピピンの寄進状』を新たに約束した文書を使徒ペトロスの墓に献げた。この寄進状の約束において、カールは父ピピンの言葉を更新した。

カールは七七四年六月四日、デシデリウスを屈服させ、ランゴバルド人の王と称した。カールのランゴバルド人の王の地位は新しい国家法的問題をかもし出した。カールは「ローマ人の貴族」という称号の中に心的保護義務ばかりでなく、国家法的意義を見出したのである。カールはイタリアにおけるビザンティン皇帝の後継者の地位をもつことになった。教皇も新しい状況からカールに国家法的地位を与えた。教皇は決定的に東ローマ皇帝権から訣別し、教皇は新しい教皇領における権能ある支配者となった。

カールは七八一年春二度目のローマ入りを実現し、四月十五日、連帯同盟が新たに固められた。教皇はカールの子ら、四歳のピピンに洗礼を授け、彼をランゴバルド王として、その兄ルードヴィヒをアキテーヌ王として塗油式を行った。七八七年、カールの三度目のローマ訪問のさいには、教皇領は決定的に定められた。一八七〇年まで、教皇領はその変遷の歴史の中で教皇職の発展を基礎づけ、教皇の教会的・政治的独立を守るのに役立ったが、しかし教会的宗教的使命にとって、それは重荷にもなった。

フランクフルト国家教会会議

教皇ハドリアヌスの在位中の教会的主要事件は東方との教会一致の再建であった。ビザンティン皇妃イレーネは未成年のコンスタンティヌス六世とカールの王女ロートルートとの婚約を申し出た。カールは喜んで賛成したが、まもなくこの婚約を破ってしまった。イレーネは、七八七年聖画像破壊論の解決のためにニカイアに公会議を召集した時、カールを招待するのを怠った。カールはその背後に彼の人格と国家に対する意識的な無視を直感した。ハドリアヌスは皇妃から直筆の手紙を送られ、公会議に招かれた。彼は教皇特使を派遣して公会議の信仰決定を承認した。かくてニカイア公会議は正式に公会議となった。ニカイア公会議は「神のみに献げられる礼拝《ラトレイア》」と「被造物にも献げられる崇敬《プロクネスイス》」を明らかに区別し、聖画像破壊問題を終わらせることを決議した。カールはこの決議に挑戦した。カールの命令に従って、アーヘン宮廷神学者たち、アルクイン（八〇四没）とテオドルフ（八二一没）は聖画像問題について、国家文書、いわゆる『カールの書』を七九〇年に著した。彼らはニカイア公会議の信仰決定文のラテン語訳に頼った。それは運命的な誤解であった。彼らは、礼拝も崇敬も意味するギリシア語の繊細な区別に心をとめないで、ラテン語の「アドラツィオ」の中に「礼拝」のみを理解し、東方神学における聖画像の「礼拝」に対して反論した。しかし、反ビザンティン的感情が流れている『カールの書』の全文は、教会的・教義的・政治的領域における東ローマの指導権要求に対するフランク国家の反撃として見なさなければならない。

カールは七九四年のフランクフルト国家教会会議を公会議として宣言しようとした。教皇特使が参加したが、それは端的にフランク国家教会会議であった。フランク国家教会会議は二人のイスパニア司教、トレドのエリパドゥスとウルジェルのフェリクスが説いた「キリスト養子論」を有罪とし、聖職者・修道生活・民衆のための刷新規則を決議した。さらにフランク国家教会会議はニカイア公会議の信仰決定文を有罪とし、「聖画像礼拝」を否認した。ハドリアヌスはカールの国家権威を尊重したが、ついに教皇は「聖画像崇敬」の有罪に賛成できなかった。このような対立にもかかわらずハドリアヌスが世を去った時、カールは愛する兄弟の死の如く悲しんだ。

カロリング国家における教皇職

カール大帝の神の国の理想

カールの心にはアウグスティヌスの『神の国』の思想が燃えていた。カールには地上の嵐と波を突き進む教会の導き者、守り人としての自覚があった。カール自身は、教会への干渉を地上の神の国についての責任からの心配と考えていた。カールは聖職者・修道者・信徒の教会生活の刷新に関する規律を定め、七九四年には自らを「王《レクス》にして司祭《サチェルドウス》」と語っている。しかしカールは司祭の権能を求めなかった。七九六年レオ三世宛の手紙の中でカールは大司祭の権能と国王の権能の間に境界をひいて次のように書いている。

> 神のおん助けをもって、キリストの聖なる教会を、外に対しては武装によっていたるところで異教の敵と不信仰者の侵入から守り、内においては真の信仰を知るように固めることが我々の義務である。……聖なる父よ、あなたの使命は、モーセの如く神のために手を高くあげ、我々の軍隊を助けてくださること。あなたの代願によって神の導きと保護の下に、キリストの民がつねに神のみ名の敵に勝ち、我々の主イエスス・キリストの

み名が全世界にたたえられるように。

カールは教会の外的防衛ばかりではなく、教会の内的固めをも、彼の王的使命と考えていた。ラテラノ・バジリカのモザイクが教皇とフランク国家の関係を描いている。使徒ペトロスは向かって左側のレオにストラ（司教のしるし）を、右側のカールに旗を授けている。しかし、現実には聖俗の連帯的一致から、偉大なカールが教会全体を動かしたのである。

カール大帝とレオ三世

レオ三世（七九五〜八一六）が教皇に選出されたが、強力なローマ貴族が教皇の反対派となった。教皇がカールに選出報告と共に使徒ペトロスの墓の鍵とローマの旗をローマ人の忠実のしるしとして贈ったことに対して反対派は激怒し、七九九年四月二十五日フテラノからルチィナへの巡回ミサへ行く教皇を襲った。教皇はカールのパーダーボーン宮廷へ逃れた。反対派の使者がカールの宮廷に現れ、カールに教皇を姦通罪と偽証罪で訴えた。カールはこの争いをローマで審問することを決意した。教皇はフランクの司教や貴族に守られてローマに帰還し、カール自身も八〇〇年十一月平和と秩序の再建のためにローマへ出発した。

教皇の法廷裁判は十二月カール自身が裁判長となって聖ペトロ大聖堂で開かれた。教皇は荘厳な誓いをもって訴状に対して心身の潔白を証言しなければならなかった。十二月二十三日聖ペトロ大聖堂においてカールとフランク貴族たちとローマ市民の前で、レオは祭壇の聖書朗読台に進み、聖書を拝し、神に誓って、「神の審判の前に、一切は明白に現れるにちがいない。私は訴状の罪を犯さなかった」と宣言した。教皇は自分の自由意志による誓いであると強調したが、現実にはフランク国王が教皇を裁いた。この誓いによって教皇の潔白が証言されたので、クリスマスの数日後カールは教皇の反対者に教皇侮辱罪をもって死の判決をくだした。彼らは教皇の歎願によって直ちに許され、フランク国家へ追放された。

その二日後聖ペトロ大聖堂において歴史的事件が起こった。八〇〇年のクリスマス、カールは臣下と共に聖ペトロ大聖堂の教皇ミサに出席した。カールが使徒ペトロスの墓の前での祈りから立ちあがった後、ミサが行われ、教皇はカールに近づき、彼に塗油を与え、そして彼の頭上に皇帝冠を授けた。ローマ市民はローマの伝統と国家法の定めに従って三度荘厳な歓呼を叫んだ。「カール、最も敬虔にして神によって皇帝位に挙げられた最も尊い者、偉大にして平和をもたらす皇帝、永遠に！」と。教皇は伝統的儀式に従って新皇帝の前にひざまずき、新皇帝を祝福した。

アインハルトの証言によると、カールが教皇による皇帝戴冠を驚いたことは疑うことができない。だが皇帝思想はすでにカール大帝とその側近者の中に芽ばえ、フランク宮廷では、フランク人が神によって選ばれた新しい国家の民であると考えていた。教皇による皇帝戴冠は西欧におけるカールの地位にふさわしい尊厳と権能を与えた。ローマ帝国と皇帝権の理念はまだ人々の心に偉大な魅力であった。

教皇がカールの皇帝戴冠を決定した思想は確定しがたいものがある。おそらく教皇は彼の苦しい状況からカールの皇帝戴冠を行ったと思われる。教皇の周辺には、新しい皇帝権の理念があった。教皇ハドリアヌスはフランク国王を第二のコンスタンティヌスとたたえ、最初のキリスト教皇帝をカールに模範として示した。同じ思想は教皇レオ三世にもあった。教皇の個人的に苦しい状況がカールの皇帝戴冠への決定をうながしたとしても、八〇〇年のクリスマスのミサにおける教皇の決定は教皇権にとって重要な意義をもつようになったことは確かである。

カールは七九〇年代の末、西欧の政治的統合をなしとげたと考えていた。この時西方皇帝権の思想が彼の心にあったのである。彼の国家はビザンティン帝国とイスラム国家に肩を並べることができた。カールには西ローマ皇帝権の思想があり、ローマの民ではなく、フランクの民が新たに皇帝権を担うことを願っていた。かくてカールは文化向上に努力し、アーヘンを新しいローマ、西方世界の第二のローマにしようとした。七九五年頃にはすでにカールはそれを強く意識していた。レオがカール皇帝戴冠を行ったことは、ローマ司教がフランク国家の大司教たちよりも高い地位と権能をもつことを意味し、この歴史的意義は次の世代に現れていった。

教皇による皇帝戴冠

教会と教皇権を凌ぐカール大帝の偉大な地位は、彼の卓越した人格性と政治力に基づいていた。それは、カール大帝が八一四年一月二十八日没し、彼の後継者、敬虔王ルードヴィヒ(八一四〜八四〇)が国家を治めた時、直ちに現れた。ルードヴィヒには強大な支配者の人格が欠けていたので、教皇たちはフランク国家からの自由と独立を次第に獲得していくことができた。

教皇レオ三世を継いで、ステファヌス四世(五世)(八一六〜八一七)が教皇座についた。教皇は皇帝権を尊重しながらも、皇帝に教皇選出の承認を願わなかった。教皇がフランク宮廷への訪問を知らせた時、皇帝は非常に喜んだ。教皇はランス大聖堂において皇帝ルードヴィヒと皇后イルミンガルトを塗油し、ローマから持参したコンスタンティヌス大帝の皇帝冠をもって皇帝戴冠式を行った。これをもって教皇は皇帝の塗油と戴冠の権利を主張することになった。八一七年に皇帝自身が長子ロタールの皇帝戴冠を行ったが、ロタールは八二三年の復活祭に再度教皇による皇帝戴冠を受けた。これによって皇帝戴冠式は教皇の特別権利、かつローマで行われる権利思想へと発展していくことになる。

カロリング家の兄弟戦争

ステファヌス四世はローマに帰ってまもなく没し、パスカリス（八一七～八二四）が教皇座を継いだ。新教皇は彼の教皇選出をフランク宮廷に報告した。ルードヴィヒは弱い性格の皇帝であったが、若い皇帝ロタールは祖父カールの如く威厳をもって皇帝政策を進め、イタリアを支配しようとした。ロタールは自分の候補者エウジェニウス二世（八二四～八二七）の教皇選挙を断行し、八二四年ロタールの「ローマ勅令」を公布した。この勅令によって教皇領における皇帝の至上権が再建され、かつこのローマ勅令に従って、ヴァレンティヌス（八二七）とグレゴリウス四世（八二七～八四四）が教皇に選出された。

皇帝ルードヴィヒはすでに八一七年国家を三人の子に分割していたが、皇后ユデットが子を生んだため、八二九年帝国分割勅令を変えて末子にアレマニアを与えた。三人の子は不平を叫び、カロリング国家の衰亡をもたらす家族戦争が起こった。教皇グレゴリウス四世が平和の仲介者としてルードヴィヒの陣営へ行き会談している間に、三人の子は父に背いた。父は三人の子らによって権力を奪われ、国家会議において退位させられ、修道院へ送られてしまった。教皇は空しくローマへ帰った。ルードヴィヒはその子らの兄弟戦争の政治的混乱の結果、再び皇帝座についたが彼の死後、兄弟戦争が再燃し、八四三年のヴェルダン条約と八七〇年のメルセン条約によってカロリング国家の国土はロタールの国家と東フランクと西フランクに三分割された。

グレゴリウス四世の死後、二重教皇選挙が行われ、教皇セルジウス二世(八四四~八四七)と対立教皇ヨハネスが選出された。皇帝ロタールは、二重教皇選挙をなくすために、教皇選出は皇帝の認可を必要とすることと皇帝特使の面前で教皇即位を行うことを定めたが、この法はレオ四世(八四七~八五五)の教皇選挙のさいに遵守されなかった。サラセン人の侵入の危険が迫ったからである。サラセン人は八四六年夏ティベル河沿いにローマまで侵入し、聖パウロ・バジリカを荒した。レオ四世は聖ペトロ大聖堂とヴァティカンの丘を堅固な城壁で囲んだ。この地域は「レオの町」と呼ばれるようになった。

教皇はロタールの国家のローマ支配に賢明に対処し、ローマの霊的首位権を確立しようと努めた。レオ四世の頃、おそらく八四七年~八五二年の間に『偽イシドロ文書』がランス大司教区において成立した。この文書は、一部分は偽、一部分は真で、さまざまの偽作された諸教皇の手紙や教書や記録が蒐集されたものである。しかしこの文書にはローマ教皇の霊的首位権の思想が強く表現されていたため、中世の教皇たちによって教皇職を固めるために活用された。十五世紀になって初めて、この文書はニコラウス・フォン・クエスなどによって文献的に偽であると論証された。

次にベネディクトゥス三世(八五五~八五八)が教皇に選出され、ローマ市民の信頼を受けたが、まもなく学識豊かなアナスタシウス三世が皇帝派の支持をえて対立教皇となった。ベネディクトゥス三世は解任され幽閉されたが、ローマ市民が彼を牢獄から解放した。彼は再び教皇座につき、アナスタシウスは自らローマの修道院に入った。

教皇ニコラウス一世

しかし学識豊かなアナスタシウスはベネディクトゥス三世の死後、教皇に選出され、教皇ニコラウス（八五八〜八六七）となった。彼は中世初期の最も意義ある教皇として教皇権を確立した。ニコラウスは、彼の手紙において、キリストが教皇職を定め、最高の権能を与えたことを強調し、地上における神の代理者として聖俗領域の諸問題において最高権能を要求している。教皇は同時代人に第二のエリアの如く思われた。彼はラヴェンナの大司教ヨハネスやランス大司教ヒンクマルと争い、彼らを教皇権に従わしめた。

また教皇がロタール二世（八五五〜八六九）の結婚に干渉したことはきわめて印象的であった。ロタール二世は八六二年王妃トイトベルガを離婚し、愛人ヴァルトラーダと再婚した。メッツ教会会議はロタールに好意ある理解を示したが、教皇は八六三年末にその議決文書を破棄させ、ケルン大司教グンタールとトリエル大司教ティートガウトを、彼らがキリスト教的結婚の不解消性を破ったとして断固として解任した。ニコラウスは教会の結婚倫理を守りぬいた。教皇は国王にも皇帝にも、いかなる権力の人にもすべてのキリスト教徒が従うべき神法への信仰の従順を求めた。

教皇ニコラウスの在位中、ビザンティン教会との対立が起こった。八五八年総大司教《パトリアルカ》イグナティオスが解任され、フォティオスが総大司教職についた。ニコラウスはこの問題に係わって、八六三年フォティオスを教会破門にした。皇帝ミカエルが激しい手紙をもってこの教皇の決定を否認した時、ニコラウスは八六五年ローマ教皇の首位権をもって答えた。この東西両教会の危機はブルガリア宣教によっていっそう深められた。コンスタンティノープルによってキリスト教化されたブルガリア人は八六四年ビザンティン教会から離れ、その二年後受洗したブルガリア公ボリスがローマに宣教師の派遣を願い、ブルガリアで活躍していたビザンティンの宣教師キリロスとメトーディオスも八六七年に教皇ニコラウスと接触を求めたのでビザンティン宮廷にはローマへの不信が湧き起こった。皇帝ミカエル三世によって八六七年開催されたコンスタンティノープル教会会議はニコラウスに教皇退位と教会破門を宣言した。教皇はこの知らせを受ける前に、十一月十三日この世を去った。しかしこの断絶は東西両教会の溝を深めてしまった。

悲運の死

弱い性格の教皇ハドリアヌス二世（八六七〜八七二）の下で、ローマとコンスタンティノープルの関係は紛糾した。新皇帝バシレイオスはイグナティオスを総大司教座に復位させた。この問題解決のために教会会議が召集され、それに教皇は招かれ、出席した。このコンスタンティノープル公会議（八六九〜八七〇）は正式にフォティオスの解任と東西両教会の一致を決定した。続いてヨハネス八世（八七二〜八八二）が教皇座についた時、コンスタンティノープルにおいてフォティオスが八七七年総大司教に再任するにいたった。彼は新たにコンスタンティノープル教会会議（八七九〜八八〇）を開催し、東西の教会一致を確認した。この教会会議においてフォティオスは前の公会議を無効とし、彼による教会会議を公会議とした。かくて東と西の教会的緊張関係が残った。

ヨハネス八世はシチリアに侵入したサラセン人に対して軍事的防衛に力をつくさなければならず、フランク皇帝ルードヴィヒ二世（八七五没）に援助を求めるため近づいた。ルードヴィヒ二世は八七二年東フランクのバイエルン公カールマンを後継者に任命していたが、皇帝の死後、教皇は西フランクのシャルル禿王をローマで皇帝に即位させた。皇帝シャルル（八七七没）は感謝のしるしとして、「教皇選挙は皇帝特使の面前で行うべき」条項を破棄し、かつ教皇領に自立権を保証した。シャルルの死後、教皇は東フランクのカールマンと結び、さらにまた西フランクにも援助を求めて近づいた。だがついに教皇は東フランクのカール三世に皇帝戴冠を行うにいたった。

その間にサラセン人は南イタリアの諸都市を占領した。ローマもその危機にさらされた。貴族たちの権力争いがローマを一段と不安にし、八七六年ヨハネス八世はローマ貴族政争の犠牲者となった。フルダ年代記は、教皇がローマ貴族の反対派によって毒殺されたと書いている。彼は悲運の死をとげた中世の教皇たちの最初の人であった。教皇たちはローマの権力争いの渦中に投げ込まれ、暗い時代が始まった。

教皇職の暗い時代

ヨハネス八世が殺害された事件は教皇史の暗い世紀を告げる。教皇たちはローマ・イタリア貴族たちの権勢欲のままに動かされている。ヨハネス八世を継いで教皇職についたマリヌス一世（八八二〜八八四）の後、次のハドリアヌス三世（八八四〜八八五）とステファヌス五世（六世）（八八五〜八九一）はイタリア支配をめぐるフリアウル辺境伯ベレンガルスとソポレト公ヴィドーとの戦いに巻きこまれてしまった。その戦いにおいてヴィドーが勝利をえたので、ステファヌスは八九一年彼を皇帝に即位させせなければならなかった。ヴィドーは教皇領を支配するようになった。

ステファヌスの後継者は教皇フォルモスス（八九一〜八九六）である。彼は修徳の人であったが、政争の道具とされて、八九二年ヴィドーの子、ラムベルトゥスに皇帝冠を授けた。ローマにおいてソポレト公派の支配的圧迫が強くなったので、教皇フォルモススは八九三年ドイツ国王ケルンテンのアルヌルフに教皇座の保護を願った。この教皇の願いに答えて、国王は軍隊を率いて八九四年北イタリアに攻め入り、ローマを占領した。教皇はその感謝をこめてドイツ国王アルヌルフに皇帝冠を授けた。だが皇帝は病んでバイエルンに帰ってしまったので、ラムベルトゥスが再びローマを支配することになった。まもなくフォルモススは没した。彼の後継者、ボニファティウス六世（八九六）はただ二週間だけの教皇在位である。

次のステファヌス六世（七世）（八九六〜八九七）はソポレト公派の支配下におかれ、故教皇フォルモススの裁判のために教会会議を開催しなければならなかった。もはや死んで七ヶ月も経ったフォルモススは、ドイツ国王アルヌルフに教皇座の保護を願った理由で墓から掘り出され、教会会議において彼の教皇職は無効であると宣言された。その上、非情にも、彼の遺体はティベル河に投げ捨てられたのである。この悪虐非道な行いに対してローマ民衆は怒って暴動を起こし、ステファヌスを捕えて牢獄に投げ込んでしまった。彼はその牢獄で死んだ。彼の後継者、ロマヌス（八九七）の教皇在位は短く、ただ四ヶ月である。続いて教皇職についたテオドルス二世（八九七）は教皇フォルモススの死体裁判を行った教会会議の決定を否認し、彼の遺体を聖ペトロ大聖堂に埋葬した。ソポレト公派によって選出された新教皇ヨハネス九世（八九八〜九〇〇）もローマ・ラヴェンナの教会会議において教皇フォルモススの名誉を回復し、死体裁判の教会会議の決定を否認している。ローマ・ラヴェンナ教会会議においてソポレト公ラムベルトゥスが皇帝として承認され、ドイツ国王の皇帝戴冠は無効と宣言された。また教会会議は教皇選挙に関して討議し、教皇はローマ民衆の賛意の下で選出されるべきこと、かつ教皇即位式は皇帝特使の前で行われるべきことを確認した。その後まもなく八九八年ラムベルトゥスが死に、教皇は新しい困難な局面を迎えた。ラムベルトゥスの敵対者、アリアウル辺境伯ベレンガルスがイタリアを支配するようになったのである。

テオフィラクトゥス家の権勢

ヨハネス九世の死後、教皇フォルモスス派の新教皇ベネディクトゥス四世（九〇〇～九〇三）は九〇一年プロヴァンスの若いルイ三世を皇帝に即位させた。ベネディクトゥスの死後、ベレンガルスとルイ三世との間に権力争いが起こり、ローマは不安になった。教皇レオ五世（九〇三）は即位後まもなく司祭クリストフォルスによって教皇職から引きおろされ、幽閉された。クリストフォルス（九〇三～九〇四）は教皇となったが、前任者と同じ運命をたどって、反対派によって牢獄に閉じこめられ殺害された。

次のセルジウス三世（九〇四～九一一）は有力なローマ貴族、テオフィラクトゥスの権力に完全に依存している。セルジウスの後継者、ローマ人アナスタシウス三世（九一一～九一三）とランゴバルド伯の子、ランドゥス（九一三～九一四）もテオフィラクトゥス家によってあやつられた。ヨハネス十世（九一四～九二八）はテオフィラクトゥスの娘、テオドラの策略によって教皇職についた。彼は九一五年ベレンガルスを皇帝に即位させたが、ローマにおける貴族たちの権力関係は変わらなかった。教皇はその使節を東フランク教会会議に派遣し、ローマ貴族の権力支配から逃がれようと努めたが、失敗して九二八年牢獄で没した。

ローマにおいてはテオフィラクトゥスの娘、女元老院議員マロツィアの権勢が強大であった。彼女の権力によって、レオ六世（九二八）もステファヌス七世（八世）（九二九〜九三一）も動かされている。彼女は自分の子を教皇職につけた。ヨハネス十一世（九三一〜九三五／三六）である。マロツィアは、九二六年ロンバルド王となったプロヴァンスのフーゴーと再婚し、ローマ支配の権勢をいっそう固めた。フーゴーもこの結婚によって皇帝になることを望んでいたが、結婚後まもなく、マロツィアの子、アルベリクスを指導者とするローマ貴族たちの反乱が起こった。フーゴーは逃がれたが、マロツィアと教皇は捕われた。その後二〇年間にわたって、アルベリクスはローマと教皇領を支配した。

彼によって選出されたレオ七世（九三六〜九三九）、ステファヌス八世（九世）（九三九〜九四二）、マリヌス二世（九四二〜九四六）、アガペトゥス二世（九四六〜九五五）は品位ある教皇たちであった。レオ七世の教皇在位の時、クリュニー修道院改革運動が展開し、ローマにも深く入り、この信心運動によって教皇職が新たに生き返ることが望まれた。

オットー大帝

ドイツ国王オットー一世（九三六〜九七三）が教皇を助けることになった。彼はおそらくブルグンド王ルドルフ二世の息女アーデルハイトによって教皇を助けるように呼びかけられた。この援助提供がオットーをイタリア問題に係わらせ、皇帝冠を受ける運命へと導いた。彼はパヴィアでアーデルハイトと結婚した。その数年後ヨハネス十二世（九五五〜九六三／六四）が教皇座につき、ローマの聖俗両権を掌握した。教皇は使徒ペトロスの座において時代の倫理的荒廃の中で牧者的生活を送った。

教皇は、教会改革者のすすめに従って、オットーにローマ教会の自由の再建のために援助を求めた。オットーは九六二年一月三十一日ローマに入り、教皇にローマ教会を保護することを約束した。二月二日主の奉献の祝日、ヨハネス十二世はオットーと王妃アーデルハイトの戴冠式を行い、ローマ人はオットー大帝に忠実を誓った。教皇史に新しい頁が始まった。

教皇とドイツ皇帝

オットー朝皇帝権の下に

オットーの皇帝戴冠によってカール大帝の皇帝権が刷新され、ドイツ国王の称号と結ばれた。ドイツ皇帝はローマ教会の保護者の使命を受けとった。オットーの保護の下に、教会法による教皇選挙が定められ、教皇は即位前に皇帝に忠実を誓うことが求められた。教皇はマグデブルク大司教区とメルセブルク補佐司教区の設立を含む皇帝のスラヴ宣教規則を認可したので、皇帝とその後継者によってキリスト教化されたスラヴ諸民族が新しい大司教区の下に置かれることになった。

まもなくヨハネス十二世は皇帝支配による教皇職の侵害を受けた。ローマ人は皇帝の賛意なしに教皇選出をしないことを誓わなければならなかった。九六三年十一月六日オットーは聖ペトロ大聖堂にヨハネス十二世の裁判を行う教会会議を開催し、十二月四日教皇の退位を決定した。その退位の理由には殺人罪、誓約の破棄罪、汚聖罪、聖職売買罪があげられた。

新教皇レオ八世（九六三〜九六五）が選出され、一日で一切の叙階の秘跡を受けた。しかし皇帝がローマを去って後、ヨハネスは教皇座に再びつき、教会会議を開催し、レオ八世を教会破門にして彼の叙階を無効とした。まもなくヨハネスは死んだ。オットー大帝はレオ八世を教皇にしたが、ローマ市民は新教皇にベネディクトゥス五世（九六四）を選出した。この事件は皇帝のローマ出兵の起因となった。皇帝の圧力の下、ローマ市民は皇帝とレオ八世に忠実を誓った。ベネディクトゥスは退位させられ、ハンブルクへ追放され、そこで九六六年没した。皇帝特使の前で、レオ八世を継いでヨハネス十三世（九六五〜九七二）が教皇に選出された。教皇は九六二年クリスマス、若いオットー二世（九七三〜九八三）に皇帝冠を授けた。このヨハネス十三世は教会改革、クリュニー修道院改革とスラヴ宣教に献身した。

彼の次にベネディクトゥス六世（九七二～九七四）が選出されたが、九七三年五月七日のオットー大帝の死は、この教皇に苦しい状況をもたらした。ローマ貴族はベネディクトゥス六世を教皇座から下して殺害し、ボニファティウス七世（九七四）を教皇にした。これに対して皇帝派はローマを占領し、ベネディクトゥス七世（九七四～九八三）を新教皇とした。教皇ベネディクトゥスはクリュニー修道院改革を促進し、九八一年ローマ教会会議で聖職売買を禁止した。教皇は九七三年プラーク司教区の設立に賛同し、メルセブルク司教区を認可した。

オットー二世の指名によりヨハネス十四世（九八三～九八四）が次の教皇座についた。オットー二世が二十八歳の若さで死んだ時、オットー三世（九七四～九八五）は幼く三歳であった。教皇は反皇帝派による捕われの中で死んだ。ローマ生まれのヨハネス十五世（九八五～九九六）が教皇職を継いだが、彼は権勢を誇るローマのクレシェンティウス家に依存し、さらに親族の聖職者を優遇して教皇職を傷つけた。彼は九九三年のラテラノ教会会議でアウクスブルク司教ウルリヒ（九七三没）の列聖を宣言している。まもなくローマにおいてクレシェンティウス家とヨハネス十五世との間に不和が生じたため、教皇はオットー三世に援助を求め、彼を皇帝戴冠のためにローマへ招いた。国王は九九六年二月レーゲンスブルクからローマへ出発したが、その途中で教皇の死の知らせを受けた。ローマ貴族たちはオットー三世に新教皇の任命を願った。最初のドイツ人教皇グレゴリウス五世（九九六〜九九九）が教皇職につき、五月二十一日キリスト昇天祭、オットー三世に皇帝冠を授けた。教皇は使徒座の首位権を全教会に行使しようと努めたが、年若く三十歳で世を去った。彼の墓はオットー二世と並んで聖ペトロ大聖堂にある。彼の教皇職は崇高な責任感と純粋な改革意志に燃えていた。

オットー三世はクリュニー修道院長オディロのすすめに従ってジェルベール・ド・オーリァクを教皇に任命した。彼が最初のフランス人教皇シルヴェステル二世（九九九〜一〇〇三）である。この教皇の下で皇帝と教皇の結合が強められた。教皇は霊の人、学の人であった。特に教皇はポーランドとハンガリーに司教区の設立を認可した。一〇〇〇年にポーランドにグニエズノ大司教区が創立され、ポーランドの信仰の未来の基礎となった。さらに教皇はハンガリー国王イシュトヴァーン（九九七〜一〇三八）のカトリック改宗後、一〇〇〇年に彼に国王冠を贈り、翌年グラン大司教区を認可した。こうしてハンガリー教会の発展が開かれた。

ザリエル朝皇帝

ローマ貴族の政争の嵐の中で、シルヴェステル二世は一〇〇三年帰天した。ローマのクレシェンティウス家が政治的実権をもって意のままにヨハネス十七世（一〇〇三）、ヨハネス十八世（一〇〇三／〇四～一〇〇九）、セルジウス四世（一〇〇九～一〇一二）を任命した。新たにトゥスクラヌス家がローマを支配するようになると、トゥスクラヌス家はベネディクトゥス八世（一〇一二～一〇二四）を、クレシェンティウス家はグレゴリウス六世（一〇一二）を選出した。二人の教皇候補者はドイツ国王ハインリヒ二世（一〇〇二～一〇二四）に二重選挙の決裁を願った。国王は、自分を皇帝戴冠のためにローマに招いたベネディクトゥスを支持し、一〇一四年二月十四日聖ペトロ大聖堂で皇帝冠を受けた。新皇帝は教皇に忠実な守り人であることを約束した。教皇は教会改革を決意し、特に司祭結婚と教会財産の乱用の浄化をめざした。教皇は皇帝の招きに答えてドイツを訪れ、バンベルクで聖週間の典礼と復活祭を祝った。一〇二二年教皇は皇帝と共にパヴィア教会会議を開始し、司祭結婚を聖職解任の下に禁止した。皇帝はこの教会会議の決定を帝国法として布告した。まもなく教皇も皇帝も神に召された。

トゥスクラヌス家はヨハネス十九世（一〇二四～一〇三二）を選出したが、この教皇から教会改革は望めなかった。教皇はドイツ国王コンラート二世（一〇二四～一〇三九）にハインリヒ二世の後継者として皇帝冠を授けた。教皇は完全にドイツ皇帝に依存するようになった。教皇が没するや、トゥスクラヌス家は新教皇にベネディクトゥス九世（一〇三二～一〇四五）をつかせた。彼は十八歳の青年であった。皇帝コンラートはベネディクトゥスの教皇即位を承認し、彼を思いのままに動かした。一〇四四年ローマに反乱が起こり、教皇はローマを去った。ローマの聖職者と市民はサビーナ司教ヨハネスを教皇に選出した。彼はシルヴェステル三世（一〇四五）と称したが、まもなくローマから追われ、自分の司教区に帰らなければならなかった。

ベネディクトゥス九世は首席司祭ヨハネス・グラティアヌスに教皇職をゆずる決意をした。こうして新教皇グレゴリウス六世（一〇四五～一〇四六）が即位した。教皇は積極的に教会改革を開始し、教会改革者たちは新教皇を心から歓迎した。一〇四六年ハインリヒ三世（一〇三九～一〇五六）はローマに入り、シルヴェステル三世の下にストリ教会会議を開催し、十二月グレゴリウス六世を解任し、ケルンに追放した。ラテラノ・バジリカの

ドイツ皇帝ハインリヒ3世

若い聖職者ヒルデブランドが教皇に伴って行った。彼は後のグレゴリウス七世である。ハインリヒ三世はローマへ行き、十二月二十三日教会会議を開催し、ベネディクトゥス九世の廃位を決議し、ザクセン貴族出のバンベルク司教を教皇に任命した。

クレメンス二世（一〇四六～一〇四七）が教皇に即位した。彼は聖ペトロ大聖堂で

ハインリヒ三世と王妃アグネスの皇帝戴冠式を行った。ハインリヒ三世は使徒座につく新教皇の任命権をもった。この事実はローマ教会に対するドイツ皇帝の権威と地位を示している。ハインリヒ三世は教会改革の構想を抱き、キリスト教皇帝としての教会保護の使命に燃えた。皇帝は教皇を召喚し指導し、また任命し解任した。皇帝の強い教会干渉が教会改革者たちと対立を起こさなかったことは不思議である。教会改革への干渉は教会奉仕と見られ、彼の非教会法的行動は許されたのである。しかし教皇は教会の自由をローマ貴族の権力から獲得した後に、ドイツ皇帝権への依存が耐え難くなった。全教会的教皇職の意識は皇帝の教会支配と一致しなくなった。しかし教皇職がその無力と混乱、屈辱と支配からの自由解放を感謝すべき皇帝権と対立しなければならなかったことの中に悲劇がある。

改革教皇の訪れ

ハインリヒ三世によって任命された四人のドイツ人教皇たちは教会改革に燃えた人々であった。クレメンス二世は一〇四七年聖職売買の克服を熱望してローマ教会会議を開催した。クリュニーの老修道院長オディロ（一〇四八没）との出会いは教皇の大きな喜びであった。教皇はローマから愛する司教区、もはや見ることができなかったバンベルクを追憶している。一〇四七年九月教皇はウンブリアの隠修修道院にペトルス・ダミアニを訪れるため旅立った。その途中、教皇は死んだ。その死因は、同時代人の年代記が書いている如く、おそらく解任されたベネディクトゥス九世派の毒殺と思われる。一九四二年にバンベルク大聖堂の墓が開かれた時、美しい教皇衣を着たクレメンス二世の頭には金髪の面影が見られたが、体には鉛色の毒殺の跡があった。次いでバイエルン貴族のブリクセン司教ポッポが教皇ダマスス二世（一〇四八）となったが、数週間後熱病で没した。

一〇四八年十二月ウォルムス帝国国会で皇帝ハインリヒ三世のいとこ、トゥール司教ブルーノが教皇に任命され、レオ九世（一〇四九〜一〇五四）となった。彼は教皇史上最もけだかく教皇職に生きた一人であろう。ブルーノは教会改革の精神と理想に燃えていた。彼は教会法による、すなわち「ローマの聖職者と市民の賛意による教皇選挙」を条件として、皇帝の任命を受諾した。かくてレオ九世の教会法に基づく教皇選挙が行われた。教皇は教会改革の指導者たち、特にクリュニーのフーゴーやペトルス・ダミアニと親交をもった。教皇はロートリンゲンやブルグンドの一連の卓越した教会人を改革運動の協力者に参画させた。また教皇は修道者ヒルデブランドをローマに呼び、副助祭に叙階した。さらに教皇はブルグンド出身のモワインハティエ修道院のフムベルトゥスを枢機卿司教に叙階し、リュッティヒ聖堂参事会首席司祭フリードリヒ・フォン・ロートリンゲン、後の教皇ステファヌス九世を教皇庁長官に任命した。

レオ九世は情熱を燃やして教会の乱れを清めて、教会生活の福音的刷新を実現することに全生命をかけた。教皇の最大の目的はキリスト教初代の信仰と全教会における教皇の首位権の実現にあった。彼は教会改革のために「枢機卿団《カルディナル》」を組織した。彼らの協力によって、レオ九世は驚嘆すべき活動を行った。教会改革はローマから全西欧の国々において実践されていった。当時ローマの内外では聖職売買が行われており、司教職や修道院長職までが俗人の手に渡っていた。教皇はこのような聖職売買と聖職者の結婚や同棲をなくすために、多くの教会会議を開催した。一〇四九年ランスやマインツの教会会議で、教皇はキリストの福音を告げてキリスト教徒の信仰に新たな愛の火を燃やした。レオ九世の信仰実践によって教皇職の全教会的意義が西欧キリスト教法の意識に深く刻まれたのである。

東方教会との平和を求めるレオ九世の努力は実を結ばないままに終わった。その時のコンスタンティノープル総大司教はミカエル・ケルラリオスである。彼は反ローマ教会的であった。彼は東西の教会典礼の相違を示して、説教においてラテン人の信仰を非難していた。レオ九世は、東西の和解を願う皇帝コンスタンティヌス九世の招きに答えて教皇使節団を派遣した。その中に教皇秘書の枢機卿フムベルトゥスや後の教皇ステファヌス九世のフリードリヒ・フォン・ロートリンゲンがいた。フムベルトゥスは鋭くビザンティン人の心を傷つけ、他方誇り高い総大司教はローマ教会人を攻撃の言葉をもって非難した。ケルラリオスはコンスタンティノープルで教皇使節がミサを献げることを禁止した。それに対して教皇使節団は、フムベルトゥスが書いた総大司教とその支持者に対する教会破門文を、一〇五四年七月十六日聖職者と会衆のいる中で、聖ソフィア大聖堂の第一祭壇に置き、コンスタンティノープルを去った。ケルラリオスは教会会議でローマ教会人に教会破門を宣言した。かくて東西の平和への希望は消えてしまった。一〇五四年の東西の教会分裂は、一九六五年十二月七日第二ヴァティカン公会議の終わりの日まで続いたのである。

ドイツとローマの対立

レオ九世の後を継いでアイヒシュテット司教ゲープハルトがヴィクトル二世（一〇五五〜一〇五七）となった。教皇は前任者の精神に従って教会改革を推進し、皇帝ハインリヒ三世の支持を受けて教会刷新に献身した。一〇五六年教皇はドイツを訪れた。その数週間後、教皇はハインリヒ三世の臨終の側にあって皇帝の幼い子、ハインリヒ四世（一〇五六〜一一〇六）の後見役を引き受けたが、ローマへの旅の途中この世を去った。教皇ヴィクトルの死がローマに知らせられるや、ドイツ宮廷に教皇選出の承認を問わないで、教会法に従ってステファヌス九世（十世）（一〇五七〜一〇五八）が教皇に選出された。数週間後ステファヌスはドイツ国王の承認を願い、皇后アグネスによって与えられた。彼はその短い教皇在位中に「教会の自由」を実現する教会政策を打ち出し、フィレンツェでこの世を去った。

トスクラヌス家を中心とするローマ貴族たちはベネディクトゥス十世（一〇五八〜一〇五九）を選出した。この教皇選出に対して、教会改革者たちは異議を唱えた。彼らは教皇選挙権がローマ貴族たちの手中に落ちるのを憂いたからである。ヒルデブランドはドイツ宮廷の賛意の下に、教会法による教皇選挙を準備した。枢機卿団はベネディクトゥスの教皇選出を無効と宣言し、一〇五八年十二月シェナでフィレンツェ司教ゲルハルドゥスを教皇に選出した。彼はニコラウス二世(一〇五八~一〇六一)と命名し、翌年一月二十四日ローマで教皇に即位した。教皇は主体的な人物ではなかったが、彼の側近には、枢機卿フムベルトゥスとローマ教会の若い首席助祭ヒルデブランドがいた。一〇五九年四月十三日教皇はラテラノ教会会議を開催し、一一三人の司教たちが参加した。この教会会議は「聖職者の共同生活」「司祭独身制」「聖職売買と私有教会の廃止」「俗人による聖職叙任の禁止」「枢機卿団の教皇選挙権」に関して決議した。

教皇ニコラウス二世の死はドイツとローマとの関係を緊迫化させたが、直ちに枢機卿ヒルデブランドはドイツ国王に問わないで、枢機卿団による教皇選挙を断行し、アレクサンデル二世(一〇六一~一〇七三)を選出した。教皇はドイツ国王に承認されなかった。国王ハインリヒ四世はローマ貴族派の候補者でニコラウス二世の没後ドイツに派遣されていた、パルマ司教カドルスを教皇に指名し、対立教皇に選出した。これがホノリウス二世(一〇六一~一〇七二)である。この二重教皇選挙は、ドイツ国王が後でアレクサンデル二世の支持へ変わっても、血を見る対立になったのである。この教会分裂はホノリウス二世の死をもって終わりを告げ、アレクサンデル二世は、その教皇在位中、教会改革の事業を継続した。

4 西欧中世盛期

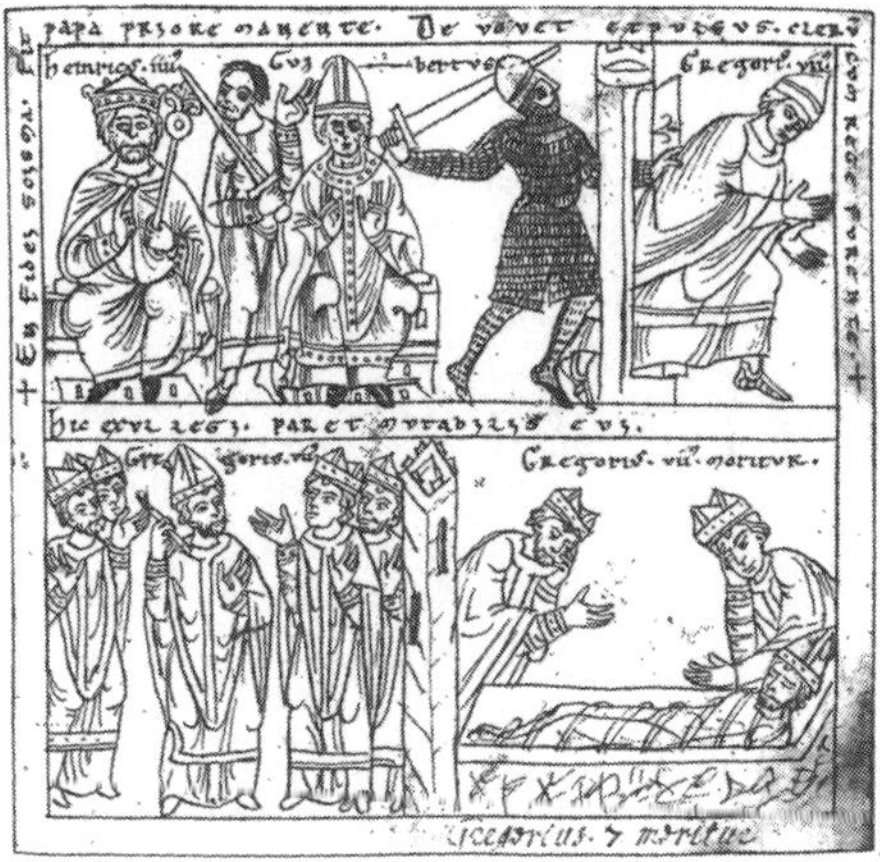

グレゴリウス7世の追放と死（イエナ大学図書館）

グレゴリウス教会改革時代

神の正義と平和

新教皇グレゴリウス七世（一〇七三〜一〇八五）の選出は「教皇選挙法」に従ったのではなく、ローマ民衆によって行われた。彼らは、ラテラノ・バジリカにおけるアレクサンデル二世の葬儀のさい、突如「教皇にヒルデブランドを」と叫んだ。ローマ教会の首席助祭として葬儀委員長を務めていた枢機卿ヒルデブランドは、ローマ民衆の叫びを一度は拒んだが、ついに受け入れた。一〇七三年四月二十二日ヒルデブランドの教皇即位が鎖の聖ペトロ聖堂で荘厳に行われた。この教皇選挙はドイツ国王を無視して行われた。

五十歳のヒルデブランドはローマ教会への奉仕の決意に燃えた。彼はグレゴリウス一世の霊的イメージを胸にして「グレゴリウス七世」と教皇名をとった。彼の教皇職の標語は「正義と平和」であった。グレゴリウス七世は姿において小さく、だが精神において大きかった。彼は強い意志の指導者、信仰不屈の人であった。彼は使徒ペトロスの後継者の霊的指導の下に「正義の世界秩序」と「神の国の建設」の実現を教皇職の最大な使命として見た。

グレゴリウス七世の思想によると、世俗権はキリスト教徒への奉仕においてキリストの代理者に従うべきである。すべてのキリスト教徒は使徒たちの代理者ペトロスの後継者である教皇に従わなければならない。聖職者や修道者ばかりではない、世俗の王侯も教皇の霊的指導の下に生きなければならない、とグレゴリウス七世は確信していた。

グレゴリウス七世は前任者たちが開始した教会改革に着手した。一〇七四年三月と翌年の二月のラテラノ教会会議は、レオ九世とニコラウス二世による決議、「聖職売買の禁止」と「司祭独身制」を新たに決議した。教会会議は不忠実な聖職者に司祭職の行使を禁止し、また一般信徒にはかかる司祭を拒絶することを要請した。妻帯司祭の聖職停止に関する教皇の決定は特にフランスとドイツにおいて反発を起こしたが、教皇は断固として教会会議の決定を守りぬいた。キリストの司祭職の独身制は厳格に実践されるようになっていった。

司祭独身制の遵守と俗人の聖職叙任の廃止とは深く関連していた。教会の諸悪の原因は諸侯による司教座や大修道院の所有であると判断されていた。かくて教会改革者たちの共同目標として「教会の自由」が叫ばれ、国家権力からの独立と教会法による司教選挙が要求された。グレゴリウス七世にとって「教会の自由」は司教たちの「国家からの独立」と「ローマ教会との共同体的一致」かつ「教皇首位権の確立」を意味していた。かかるグレゴリウス七世の理念はローマ司教からの独立を求めている司教たち、とくにフランスとドイツの司教たちとの間に対立緊張をかもした。

グレゴリウス七世は教会改革の計画を公表した。この教皇教書は「教皇の霊的主権書《ディクタートゥス・パーペェ》」と言われている。おそらく一〇七五年のラテラノ教会会議前に成立したこの文書は新しい教会法の基礎として考えられた。「霊的権能は俗的権能の上にある」ことが強調されている。グレゴリウス七世は、キリストが使徒ペトロスとその後継者に委ねた「罪を結びかつ解く救いの権能」（マタイオス一六の一八）から出発している。キリストはペトロスをこの世の王国の上に置いた。霊的権能はその源泉を神の中にもっているが、俗的権能は人間の奢りの中にもっている。教皇は皇帝を廃し、特に彼に忠実の誓いを立てさせる権能をもっている。かかる教会改革上の諸原則が実行に移されるや、グレゴリウス七世は教会改革の実践をめざして、教会と国家の平和協力を願っていたにもかかわらず、国家との対立が起こっていった。

グレゴリウス七世の信念

一〇七六年一月二十四日ウォルムス・ドイツ司教会議はグレゴリウス七世の教皇廃位を宣言した。ハインリヒ四世は教皇宛の手紙を公表した。手紙は次のように始まっている。

ハインリヒ、不遜からでなく、神の聖なる導きによって定められた国王が、もはや教皇でない、偽りの修道者に書く。

そして次の言葉で終わっている。

かくてお前は我々のすべての司教たちの決議宣言によってかつ我々に罰せられた者、不当な越権の使徒座を降りて去れ。……我々、ハインリヒ、神の恩恵による国王はすべて司教たちと共にお前に告げる。降りよ、降りよ、永遠に罰せられるべきお前は。

これに対してグレゴリウス七世は、一〇七六年ラテラノ教会会議で、ハインリヒ四世の教会破門をもって答えた。

神から私に天と地において罪を結び解く権能が与えられた。この確信によって、私は神の教会の栄光と誉れと保護のために、全能の神なる御父と御子と聖霊のみ名において神の全能の力によって、いまだかつて聞かなかった奢りの中に神の教会に背いた、皇帝ハインリヒの子、国王ハインリヒにドイツとイタリア全王国の治政を禁じ、すべてのキリスト教徒を国王への忠実のきずなから解放し、みなにハインリヒを国王として仕えることを禁ずる……ハインリヒはキリスト教徒として従うべきことを無視し、破門者と交わり、神に帰っていないゆえに、救いのため国王に送った私のいましめをかえりみず……教会を分裂させようとしながら神の教会から離れたゆえに、私は神の代わりに神を信頼しつつハインリヒを破門のきずなで結ぶ。諸々の民が……地獄の門も教会に打ち勝てないことを知るために。

ドイツ国王の教会破門は全西欧に衝撃を与えた。教皇はそれを全教会に知らせようと急ぎ、それに対して国王はウォルムスの決議をひろめようとした。ドイツ諸侯会議がマインツで開催された。ドイツ諸侯は、ハインリヒが一年以内に教会破門が解かれなかったら、彼を国王として認めないと宣言した。

カノッサ事件の悲劇

ドイツ諸侯は一〇七七年二月二日のアウクスブルク諸侯会議に、教皇を招くことにした。そこにおいて教皇は国王との争いを和解する計画であった。教皇はドイツへ旅立った。国王は教会破門の許しを願うためにアルプスを越えた。一月二十五日から二十七日、ハインリヒ四世はつぐないの衣を着て裸足でカノッサ城の門前に立った。城内でトゥスチァ伯夫人マティルデ、国王のしゅうとめアーデルハイトと洗礼代父クリュニー修道院長フーゴーは教皇に許しを願った。ついに教皇はハインリヒ四世に許しを与え、聖体を授けた。教皇の語るところによれば、自分は城内で厳しさの故に教皇らしくなく専制君主のようであると非難された、という。カノッサはハインリヒ四世にとってへりくだりであった。これによって彼は国王の地位を守ったのである。グレゴリウス七世は不賢明な政治的判断をしたが、彼はなによりもキリストの司祭であるため許しを乞う者は許さざるをえなかった。

ドイツ諸侯はハインリヒ四世の教会破門の許しを不満に思い、フォルシハイム諸侯会議においてハインリヒ四世の義弟、シュヴァーベン公ルドルフを対立国王に擁立したため、対立戦争が起こった。ハインリヒ四世は勢力が増大するにつれて一段と教会に対する権利を主張し、ルドルフの教会破門を求め、さもなくば新教皇を選出すると、グレゴリウス七世に迫った。教皇は、長い間ためらったが、一〇八〇年三月教会会議で使徒たちへの祈りの形式で教会破門とドイツ国王解任をハインリヒ四世に再び断固として宣言し、ルドルフを正式なドイツ国王として承認した。しかしドイツ司教団はハインリヒ四世を擁護した。ハインリヒはバンベルク・マインツ教会会議で教皇に従うことを宣言しながらも六月ラヴェンナ大司教ウィベルトをクレメンス三世（一〇八四〜一一〇〇）として対立教皇に選出した。

この、教皇と国王の第二の断絶はもはや救い難くなった。グレゴリウス七世はローマを去らなければならなかった。彼の生命はサレルノで一〇八五年五月二十五日、教皇在位中の試練と労苦で燃えつき、最後の言葉を残して神のもとに帰った。「私は神の正義を愛してきた。神に逆らうことを憎んできた。それゆえ私は追放の中に死ぬ」と。

ウルバヌス2世

教会改革の推進

追放中のグレゴリウス七世の死はローマの教会改革者たちにとって大きな悲しみであった。その一年後ヴィクトル三世（一〇八六〜一〇八七）が教皇に選出された。対立教皇クレメンス三世はまだローマにおり、教皇はクレメンスとの争いで苦しんだ。彼は短い教皇在位であったが、俗人による聖職叙任と聖職売買の禁止を推し進めた。

ヴィクトル三世の死の半年後、ウルバヌス二世（一〇八八〜一〇九九）が教皇に選出された。新教皇はグレゴリウス七世の教会改革原則をつらぬいた。「彼が退けたものを私も退ける。彼が生きたものを私も生きる。彼がカトリック的と尊重したものを私も確証する」と教皇は語っている。ウルバヌス二世はグレゴリウス七世よりも弾力的であった。彼が一〇八八年晩秋ローマへ入った時、ローマは対立教皇の下にあったので、ティベル河畔に住まなければならなかった。翌年、ウルバヌス二世はハインリヒ四世との暫定的な妥協によってローマを平和にし、教皇即位のミサ後ローマ市街を歩くことができた。しかし彼は、教皇在位の初めの数年間、ハインリヒ四世の政治的圧迫下におかれてローマを去らなければならなかった。彼が再びローマに入ったのは一〇九三年になってからである。

すでに一〇八九年、教皇は俗人による聖職叙任の禁止を更新したが、さらにこれを一〇九五年十一月二十八日クレルモン教会会議において決議し、「神の平和こそ全教会の掟である。平和を破る人には教会の秘跡停止の霊的罰を与える」と宣言した。また、この教会会議は十字軍への呼びかけを採択した。教皇は説教において東方キリスト教徒の苦しみとトルコ支配下の聖地の悲しみを語った。この教皇の呼びかけは全西欧の信仰心を激しく動かしていった。「神がそれを望み給う」という教皇の言葉は、十字軍戦士の合言葉となったのである。十字軍の出発は一〇九六年八月十五日と決定された。その三年後の七月十五日に、聖地は十字軍によって奪回されたが、その喜びを味わうことなしに、ウルバヌス二世は死んだ。

ウルバヌス二世とハインリヒ四世との間に平和の一致は実現しなかった。だがドイツのグレゴリウス改革派の理念は民衆の心をとらえ、教皇はキリスト教徒世界の頭と認められるようになった。皇帝はもはやキリスト教徒世界の最高の主ではなく、教皇がキリスト教西欧の信仰統合の最高の主となった。新教皇にパスカリス二世（一〇九九～一一一八）が選出された。新教皇の解決すべき問題は俗人による聖職叙任と教会分裂の終結であった。

対立教皇クレメンス三世の死後、テオドリックス、アルベルトゥス、シルヴェステル四世が続いて対立教皇となった。またハインリヒ四世は国王の聖職叙任権を固守したため、聖職叙任権闘争が開始された。

パスカリス二世は一一〇二年四旬節教会会議でハインリヒ四世とその支持者に教会破門を宣言した。新しい状況が起こった。一一〇五年ハインリヒ五世が父ハインリヒ四世に反逆したためである。教皇は、教会の平和を守る条件の下にハインリヒ五世（一一〇六〜一一二五）が国王であることを認め、教会破門を解いた。ハインリヒ五世は父を捕え、退位させてしまった。翌年ハインリヒ四世は教会と和睦してその生涯を閉じた。だがパスカリス二世とハインリヒ五世との間でも聖職叙任権闘争は続けられていった。教皇は在位の長い年月において叙任権をめぐって苦しみ、この世を去った。

教皇ジェラシウス二世（一一一八〜一一一九）が選出された。皇帝ハインリヒ五世はグレゴリウス八世（一一一八〜一一二一）を対立教皇にたてた。皇帝派はミサを献げている教皇ジェラシウス二世を捕えようとしたが、彼は祭服のまま逃れ、数人の枢機卿とともにフランスへいき、翌年一月クリュニー修道院で死んだ。この修道院で教皇選挙が行われ、ローマに残っていた枢機卿、ローマの聖職者と市民の賛意をえてから、カリストゥス二世（一一一九〜一一二四）が新教皇になった。

ウォルムス平和協定

カリストゥス二世は、聖職叙任権問題を解決して平和の秩序を再建するためにふさわしい人格者であった。教皇も皇帝も共に、互いの争いが教会と国家にとってどれほど打撃を与えていたかを悟った。特にドイツ諸侯は平和を願った。一一二一年秋、皇帝と教皇の対話が始まった。その成果は、「皇帝は教皇を承認すること」「帝国の栄誉を守って聖職叙任権闘争を終わらせること」であった。一一二二年九月二十三日ウォルムス平和協定によって、俗人による聖職叙任権闘争は終わった。

この平和協定は皇帝と教皇による二つの文書から成立している。皇帝文書において、ハインリヒ五世は指輪と牧杖を与える聖職叙任権の放棄を約束し、皇帝権による叙任権の保留だけを主張した。教皇文書において、教会は教会法による選挙と司教叙階の自由な権利を要求し、皇帝権に属する一切のものを皇帝に返還することを約束した。皇帝権に属するもの、帝国に由来する教会所有への叙任は皇帝の与える王笏をもって行われることになった。指輪と牧杖は教会職の委任にさいして再び教会の権能を表す象徴となった。こうして皇帝と教皇の協定によって平和は実現された。

カリストゥス二世の教皇文書はハインリヒ五世に宛てられている。このことは、ハインリヒ五世の死と共に、教皇宣言が消えることを意味していた。しかしウォルムス平和協定では教皇宣言による保証ということではなく、教皇による帝国法の承認ということが問題の中心であった。ドイツ諸侯はバンベルク宮廷会議ですでにウォルムス平和協定に賛同していたので、それは帝国法として承認されていた。そのため教皇は一一二三年三月ラテラノ公会議でウォルムス平和協定を再確認した。司教選挙における皇帝出席は論争されたが、教皇は皇帝のためでなく、平和のために耐えることを宣言した。西欧で教皇によって初めて開催された全教会会議、ラテラノ公会議は、ウォルムス平和協定と共に、「聖職売買」「聖職者の同棲」「教会・教会財産の俗人支配の禁止」「神の平和運動」「ローマ巡礼者の保護」「十字軍の権利と義務」などに関して決議した。カリストゥス二世は全西欧キリスト教世界の平和を願って、聖職叙任権闘争に終止符を打った。

十二世紀の教皇たち

クレルヴォーのベルナルドゥス時代

この新時代では、クリュニー修道精神に代わってシトー修道精神が、クレルヴォーのベルナルドゥス（一〇九〇〜一一五三）の出現によって西欧教会を深く動かしていった。素朴な家庭の出身であるホノリウス二世（一一二四〜一一三〇）が教皇に選出された。教皇は新時代の教会を見つめ、一一二六年クサンテンのノベルトゥスの創立によるプンモントレ修道会を承認した。教皇は特にイタリアにおけるノルマン王国との和平交渉に努力を献げながらこの世を去った。

ホノリウス二世の埋葬後少数の枢機卿によってインノチェンティウス二世（一一三〇～一一四三）が選出され、ラテラノ・バジリカで教皇即位式が急いで行われた。多くの枢機卿はそれを知らなかった。これに対して彼らは、アナクレトゥス二世（一一三〇～一一三八）を選出した。西欧キリスト教世界は数日のうちにローマで二人の教皇を選出してしまったのである。

ノルマンはアナクレトゥスを、フランスはインノチェンティウスを承認した。ベルナルドゥスとクリュニーのペトルスはインノチェンティウスの承認を擁護した。ベルナルドゥスの活動によってフランス、スペイン、イギリスはインノチェンティウスを正統教皇として承認した。ドイツのロタール三世（一一二五～一一三七）はドイツ司教団と共にインノチェンティウスに賛同を表明した。国王は彼によってラテラノ・バジリカで皇帝冠が授けられた。その間にベルナルドゥスの指導の下に両派の代表者が集まり、正統性をめぐって論議したが解決できなかった。ようやくアナクレトゥスの死をもって教会分裂は終わった。

インノチェンティウスも死んで、チェレスティヌス二世（一一四三～一一四四）が教皇に即位した。この敬虔な学識の人は短命であった。ボロニャ生まれのルチウス二世（一一四四〜一一四五）が教皇になってノルマン人と交友関係の樹立に努めた。この頃ローマは共和政となり、この新しい政治状況の混乱の中に投げ込まれて、教皇は投石を受けて死んだ。ローマの政治的不安の中で、前任教皇の死の日、ローマ・シトー会修道院長ベルナルドゥスがエウジェニウス三世（一一四五〜一一五三）として選出された。共和政貴族に代わって、教皇任命のローマ市長官がローマの平和を守ったが、平和は長く続かなかった。クレルヴォーのベルナルドゥスは教皇選挙の中に神の業を直観し、教皇から教皇庁の刷新を期待した。ベルナルドゥスは彼の愛弟子である教皇エウジェニウス三世宛の手紙の中で「私は死ぬ前に、使徒たちが、金銀のためではなく、霊魂をすなどるために網を投げた初代教会のような教会を見たい」と書いている。

エウジェニウス三世は東方教会の情勢に心を痛めた。一一四四年エデッサ陥落の報告は西欧に衝撃を与えた。翌年秋東方教会は教皇にトルコ軍からの解放のために援助を願った。それに答えて、教皇はフランス国王ルイ七世に呼びかけた。フランス国王は十字軍計画に着手し、その推進をベルナルドゥスに託した。彼は火のように燃える説教をもって十字軍参加を呼びかけた。彼によって十字軍は西欧共同体運動になっていった。フランスとドイツの十字軍の聖地への出発は一一四七年聖霊降臨の大祝日であった。教皇は十字軍に祝福を与えてその出発を見送った。だがドイツ国王コンラード三世の率いるドイツ十字軍は、小アジアで敗退し故郷へ帰還しなければならなかった。フランス十字軍も、エルサレムへの進軍途上で大打撃を受けた。この第二回十字軍の失敗の報告は西欧にとって絶望的衝撃となってひろがった。

フリードリヒ一世

フリードリヒ・バルバロッサ（一一五二～一一九〇）がドイツ国王に選出された。彼は教皇に国王選出を知らせ、教皇と教会の保護を約束したが、まもなく聖職叙任をめぐって教皇と対立するにいたった。この苦しい状況の中でエウジェニウス三世はフリードリヒ・バルバロッサとの争いを避けようと努めながらこの世を去った。アナスタシウス四世（一一五三～一一五四）が新教皇となったが、短い在位であった。次いで枢機卿団はハドリアヌス四世（一一五四～一一五九）を教皇に選出した。彼は教皇座における唯一のイギリス人である。教皇は一一五五年六月十八日、フリードリヒの皇帝戴冠式を聖ペトロ大聖堂で行った。

だがまもなく教皇と皇帝との対立は激化した。皇帝はカール大帝やオットー大帝によって行使されたローマにおける地位を要求し、教皇は皇帝に依存すべきであると主張した。かくて皇帝と教皇との一致は不可能となった。かかる状況の中でハドリアヌス四世は没した。彼は教皇在位中キリスト教世界の一致と全教会におけるローマ教会の首位性をめざし、皇帝権からの教会の自由を確立しようと努力した。今やその実現の追求において、ローマ教会の新しい時代が開始されるのである。

ハドリアヌス四世の没後、新教皇選挙において教会分裂が起こった。枢機卿団は教皇選挙のために聖ペトロ大聖堂に集まったが、二派に分かれて対立した。皇帝派は枢機卿オクタヴィアヌスを支持した。教皇派は首席枢機卿ローランドゥスを支持し、彼は枢機卿の大多数によって選出された。ローランドゥスの選出者が彼に教皇マントを着せようとした時、オクタヴィアヌスの支持者は暴力をもってそれを妨げたが、ローランドゥスは多くの枢機卿たちの出席の下に教皇に即位し、アレクサンデル三世（一一五九～一一八一）と称した。これに対しオクタヴィアヌスはたった一人の枢機卿の下で対立教皇ヴィクトル四世（一一五九～一一六四）となった。

再び全教会は二重教皇選挙を明白に判断しなければならなくなった。一一六〇年二月皇帝の召集によるパヴィア教会会議において、ドイツ司教国はヴィクトル四世を正統教皇として承認した。それに対して、その年の秋トゥールズ教会会議においてイギリス・フランス・スペインの司教団はアレクサンデル三世を正統教皇として宣言した。大修道会も両派に分かれ対立した。シトー会とカルトゥジオ会はアレクサンデルを、クリュニー・ベネディクト会はヴィクトルを教皇と認めた。教皇問題に関するフランス国王とドイツ皇帝の会議は意見の一致を見なかった。ヴィクトルが没しても教会分裂の終わりとならなかった。

フリードリヒ・バルバロッサはパスカリス三世（一一六四～一一六八）を選出し、彼はフリードリヒに皇帝冠を授けた。しかしパスカリスの教皇即位はヴィクトル支持者によって賛成されなかった。多くのドイツ司教たちはアレクサンデル三世支持へ移ったが、ヴュルツブルク帝国国会において皇帝はドイツ司教国にパスカリス三世支持を義務づけた。対立教皇パスカリスの死後、カリストゥス三世（一一六八～一一七八）が後継者となった。対立教皇カリストゥスの後、インノチェンティウス三世（一一七九～一一八〇）が選出されたが、教皇アレクサンデル三世に従ったため、ついに全西欧の教会分裂は終わった。

教皇選挙規定

一一七九年三月五日、全西欧教会の代表者が集まりラテラノ公会議が開催された。アッシジ司教、教会法学者ルーフスが開会の言葉を述べた。彼はローマ教会の首位権を擁護し、アレクサンデル三世の人格と教皇職をたたえた。公会議の決議は教皇選挙規定に関するものであった。三分の二以上の多数決が教皇選挙に有効と決議され、選挙権は枢機卿団に保留された。一一八一年八月三十日アレクサンデル三世は没した。彼は断固としてフリードリヒ・バルバロッサと戦った教皇である。教皇職はドイツ皇帝の思いのままにならなかった。

次いでルチウス三世（一一八一～一一八五）が教皇に選出された。教皇は皇帝との平和を願った。皇帝フリードリヒ一世もまた国家と教会の平和一致を願った。ルチウス三世を継いで、枢機卿団はミラノ大司教を選出し、ウルバヌス三世（一一八五～一一八七）が新教皇となった。彼は教会の権能を擁護し、フリードリヒ一世と戦った対抗者の一人である。この強い意志の教皇が世を去るや、枢機卿団は皇帝との平和樹立の人を新教皇に選出した。グレゴリウス八世（一一八七）は第三回十字軍に努力し、フリードリヒ・バルバロッサとの平和を求めた教皇であった。

クレメンス三世（一一八七～一一九一）も前任教皇の平和政策を推進した。クレメンス三世とフリードリヒ一世は十字軍遠征を組織した。皇帝はキリスト教世界の守り人の使命感をもってドイツ十字軍を率い、一一八九年五月十一日レーゲンスブルクからエルサレムへ進軍を開始した。皇帝フリードリヒ一世は一一九〇年六月十日陣中において中世騎士のロマンに生き、その最後を飾ったのである。翌年春クレメンス三世は死に、チェレスティヌス三世（一一九一～一一九八）が新教皇になった。この教皇の下で教皇庁の財政が整えられたばかりではなく、教皇庁が教会における一切の最終的決定の中心となった。

権能を誇る教皇職

若き教皇への期待

チェレスティヌス三世の葬儀の日一一九八年一月八日、枢機卿団は集まり、最年少の枢機卿で三十七歳のロタールを選出した。彼はインノチェンティウス三世（一一九八～一二一六）と教皇名をとった。枢機卿団は彼の中に教会の未来を創造する教皇の姿を見た。インノチェンティウス三世と共に教皇史の新時代が始まった。

新教皇は司教叙階と教皇即位を二月二十二日使徒ペトロスの座の祝日に行った。彼の卓越した神学教養、明晰な教会法知識、時代状況を見つめる政治的感覚は、教皇職の使命と責任を担うために最良の前提であった。インノチェンティウス三世はグレゴリウス教会改革の基本原則を新たに取りあげた。彼は西欧キリスト教世界の政治的分裂状況を克服し、平和を築くために献身した。教皇職は彼にとって「神の代理者」の職であった。「神のしもべたちのしもべ」「キリストの代理者」の職であった。彼は説教の中で教皇の首位権と権能の限界について語っているが、同時に教皇が教会を導くために贈られる神の恩恵を確信している。

インノチェンティウス3世（スビアコ修道院聖堂の壁画，同時代の作）

インノチェンティウス三世は、「教皇が異端に落ちることもできる、教会によって裁かれることもありうる」と述べているが、「キリストがペトロスにおいて教皇のために祈った。キリストは教皇を誤らせない」という揺るがぬ信念をもっている。彼によると、「キリストの代理者」は神と人間の仲介者である。代理者は神より無限に小さい、だが一人間よりも遥かに大きな神の恩恵の中にいる。後世の研究で、インノチェンティウス三世はある世界支配を求めた教皇であるとされたが、この見解は現代修正されている。

教皇職を担って

教皇領においてインノチェンティウス三世は教皇権能を行使しようとした。ローマにおける教皇の支配はシュタウフェン皇帝権力によって制限されていた。教皇は教皇職の領土的独立の中に教会の自由の基礎を見た。かくて彼は皇帝代理のローマ市長官の代わりに、教皇任命の元老院議員を、忠実の誓いをさせた上でローマ市長官にした。教皇領の貴族たちにも教皇は忠実の誓いをさせ、教皇領の支配を実現していった。ハインリヒ六世（一一九七没）の死後、教皇はドイツ人に対するイタリア国民感情を生かして教皇領を新たに固めた。

ハインリヒ六世の死による新しい情勢の中で、インノチェンティウス三世は南イタリアにおける教皇の首位権を強めた。ハインリヒの皇后コンスタンツェはその子フリードリヒ二世（一一九八〜一二五〇）を一一九八年パレルモにおいて王位につかせた。十一月皇后の死後、その遺言状によって教皇はフリードリヒ二世の後見人となり、シチリア王国の摂政職を受けた。

ドイツにおいて二重国王選挙が起こった。一一九八年三月シュヴァーベン公フィリップが国王に選出された。反シュタウフェン少数派はケルン大司教アドルフの下にオットー・フォン・ブラウンシュヴァイクを国王に選出した。フィリップはマインツで、オットーはアーヘンで即位した。教皇はドイツの王位をめぐる争いには中立的であった。一一九八年五月教皇はドイツ聖俗諸侯に手紙を書き、二重選挙による不幸を歎いている。教皇はこの問題解決において「教皇による東方から西方への皇帝権の委譲」と「教皇による皇帝戴冠」をもって不幸事件を決裁する権能を主張した。フィリップが国王として承認されたが、殺害されたためオットー四世が一二〇八年国王になった。

その一年後、教皇は聖ペトロ大聖堂でオットー四世の皇帝戴冠式を行った。しかし皇帝は一二一〇年教皇領の諸都市と諸教会を攻撃し、シチリア王国に進軍した。教皇はドイツ司教団宛の手紙の中で悲しみをこめて「皇帝は自分を剣できたえ、自分を深く傷つけた」と書いている。一切の努力は空しく、教皇は皇帝の教会破門を公けに宣言した。一二一一年九月ニュルンベルクでドイツ諸侯はシチリアの若いフリードリヒを国王に選出した。彼の国王即位は翌年十二月マインツで、再び一二一五年アーヘンでケルン大司教エンゲルベルトによって行われた。

教皇とイギリス国王の対立がカンタベリー大司教座の任命をめぐって起こった。失地王ジョンは教皇任命のカンタベリー大司教を承認しなかった。一二〇八年三月、教皇はイギリスに秘跡停止を宣言した。それに対して国王が聖職者と教会に追放や財産没収の政治的手段を加えたので、教皇は国王を教会破門にした。そのため一二一三年国王は教皇の平和条件を受け入れ、その王冠と王国を教皇に渡し、それを封土として受けとることになった。教皇はフランス、スペインに対してもキリストの代理者としての権能を主張した。かくて教皇の首位権は全西欧において輝かしいものになった。

教皇とフランシスコの出会い

インノチェンティウス三世によるフランシスコ修道会創立の承認は、教会にとって決定的事件であった。その創立者アッシジのフランシスコ（一一八二〜一二二六）は、一二〇六年から真のキリスト教的生活と福音精神における霊的刷新の実践を開始した。一二〇九年フランシスコは福音的貧しさの生活をもってキリストに従うことを決定し、同じ理想の友と修道共同体を造った。一二一〇年この小さい貧しい友の一団は教皇に新しい修道会の認可を願い、民衆への福音宣教の奉仕を願った。教皇はアッシジの小さい兄弟たちの使徒的共同体を認め、宣教の旅の福音活動を励ました。この教皇決定は大きな歴史的意義をもった。十字架上のキリストの如く貧しく生きることを理想とするフランシスコ会の修道精神は世界と民衆の心を豊かにしていったからである。同じく教皇はドミニコ会の誕生を認め、彼らのキリスト教信仰真理の使徒職に大きな希望を保証した。

第四ラテラノ公会議

インノチェンティウス三世の教皇職の最後の輝かしい結びとして、第四ラテラノ公会議が一二一五年開催された。教皇は公会議への招きの手紙において「全キリスト教世界の幸福」「悪の根絶」「倫理の刷新」「異端の否認」「信仰の強化」「平和の確立」について述べている。諸聖人の祝日十一月一日ローマに聖職者と一般信徒、修道院と団体の代表者たち、司教と諸侯が一堂に集まった。第四ラテラノ公会議は全西欧を代表して一ヶ月続いた。

教皇は開会の挨拶をキリストの言葉、「苦しみを受ける前に、あなたがたと共にこの過《す》越《ぎこし》の食事をしたいと、私はせつに願っていた」(ルカス二二の一五)をもって始め、「教会刷新と十字軍」を公会議の課題とした。公会議は教会の平和のために十字軍遠征、さらに信仰の純粋さと教会生活の倫理的刷新を決議した。聖体と司祭職に関する信仰真理、洗礼、告白、結婚に関する教会の教えが宣言され、かつ異端に対する教会の規則が定められた。また信仰の宣教と霊的司牧に対する司教の責任が強調され、さらに復活祭頃少なくとも一回の告白と聖体拝領がキリスト教徒の義務とされた。公会議後インノチェンティウス三世は公会議決議の実現に献身した。彼は教皇中の偉大な教皇の一人である。

スコラ学の開花

インノチェンティウス三世の後継者たちは前任教皇の遺産を守って新たな発展に献身する使命を担った。新教皇ホノリウス三世（一二一六〜一二二七）が選出された。彼は教皇職についた時、すでに老いて病気であった。一二二〇年十一月二十三日教皇は聖ペトロ大聖堂でフリードリヒ二世に皇帝戴冠を行った。翌年三月教皇は没した。

枢機卿団は教会の自由のための信仰の人グレゴリウス九世（一二二七〜一二四一）を選出した。新教皇は深い信仰の人であった。特に教皇はアッシジのフランシスコの親しい友としてフランシスコ会の精神と活動に深い影響を与えている。教皇はその在位中フランシスコ、エリザベット・フォン・チュリンゲン、ドミニコを列聖し、また神学と教会法の発展のために努力をはらった。彼自身が神学を学んだパリ大学に保護を与え、一二三一年の教書をもってパリ大学の意義を説き、真理探究の自由の特権をパリ大学に与えている。しかしグレゴリウス九世の教皇在位中の重荷はフリードリヒ二世との長い対決であった。

皇帝フリードリヒ二世の脅威の下に一〇人の枢機卿たちは宮殿の隅に閉じ込められて、チェレスティヌス四世（一二四一）を選出した。これが教皇史における最初のいわゆる「教皇選挙会《コンクラーベ》」であった。その一三日後新教皇は即位前に没し、一年半の空位後インノチエンティウス四世（一二四三～一二五四）が教皇に選出された。皇帝フリードリヒ二世は新教皇を枢機卿団における平和派の代表者として歓迎したが、教皇は皇帝への不信を抱き、ローマを去って、一二四四年晩秋アルプスを越えてリヨンへ行った。フリードリヒ二世が一二五〇年十二月十三日教会と和解して死ぬまで、教皇はリヨンで教会を治めなければならなかった。教皇は一二四五年六月リヨン公会議を開催した。公会議は聖地奪回とフリードリヒ二世の教会破門を決議した。

ナポリで教皇が没した後、アレクサンデル四世（一二五四～一二六一）が教皇に即位した。新教皇は敬虔な人であった。アレクサンデル四世の教皇在位中、ドイツでは皇帝空位時代（一二五六～一二七三）が始まった。一二六一年教皇が世を去った時、枢機卿団はただ八人だけであった。たまたまローマ教皇庁に滞在していたエルサレム総大司教が選出され、ウルバヌス四世（一二六一～一二六四）となった。新教皇は靴造りの子として生まれたフランス人であった。ウルバヌス四世の教皇即位後まもなく、ビザンティン皇帝が教皇に教会一致の会議を提案した。教皇は大いに喜び賛同し、教皇特使をコンスタンティノープルに派遣した。ビザンティン皇帝は「ローマ教皇の首位権」「ニカイア信仰宣言」「七つの秘跡」を承認した。ウルバヌス四世は教会一致の実現寸前没した。彼は教会生活において特に「聖体の祝日」を制定し、一二六四年聖体信心を全教会にひろめた。教皇の命を受けてトマス・アクィナス（一二七四没）は今日もなお歌われている「聖体讃歌」を作った。

新教皇はクレメンス四世（一二六五～一二六八）と称した。彼はプロヴァンス出身、豊かな法学知識を有し、フランス国王ルイ九世の顧問であった。教皇は一二六五年ルイ九世の弟、アンジュー家のシャルルをシチリア王に封じた。教皇のドイツからフランスへの政治的転換は、一二六八年コンラーディンを最後にホーエンシュタウフェン朝が終わることにより決定的になった。西欧キリスト教世界を象徴する普遍的な神聖ローマ帝国に代わって、国民国家が急速にその力を増大していった。

かかる政治的状況の中で、クレメンス四世の没後教皇座は三年間空位であったが、一二七一年になって新教皇が選出され、グレゴリウス十世（一二七一～一二七六）と称した。教皇は一二七三年四月十三日リヨン公会議開催を宣言した。全西欧のおよそ三〇〇人の司教たちと六〇人の修道院長たち、かつ指導的神学者たちが一堂に集まった。ボナヴェントゥラやトマスも公会議に招かれた。公会議は一二七四年五月七日開催され、特に「ラテン教会とギリシア教会の一致」を決議した。六月二十九日使徒ペトロスとパウロスの祝日に、荘厳ミサにおいて聖書はラテン語とギリシア語で読まれた。グレゴリウス十世は七月六日公会議の第四会議において東西両教会の一致を宣言することができた。しかし不幸にもこの教会の平和一致は長く続かなかった。

5 西欧中世末期とルネサンス時代

マルティヌス5世の教皇即位式

教皇職の栄光と斜陽

アンジュー家の権力の下に

教皇選挙規定『ウビ・ペリクルム』に従って、グレゴリウス十世の没後、枢機卿たちは「教皇選挙会《コンクラーベ》」に集まった。フランスのリヨン大司教ペトルスが選挙され、インノチェンティウス五世（一二七六）となった。彼はドミニコ会出の最初の教皇である。彼は長い間パリ大学の教師として学問と教育に専念した後、ドミニコ会フランス管区長となり、『ペトルス・ロンバルドゥスの神学命題集』の註解者として知られている。新教皇はシャルルの東ローマ帝国征服計画に反対し、彼に他のキリスト教徒と戦争することは不正義であると宣言した。即位後六ヶ月で教皇は世を去った。教皇の死後、アンジュー家のシャルルはローマ元老院議員として教皇選挙会を監視した。ハドリアヌス五世（一二七六）が選挙され、教皇選出はシャルルの願い通りになったが、新教皇はまもなく一ヶ月で没した。

ハドリアヌス五世の死後、枢機卿団は教皇選挙に集まった。新教皇はヨハネス二十一世（一二七六～一二七七）と称した。彼の教皇在位は短命であった。次の教皇選挙まで六ヶ月が過ぎた。アンジュー家のシャルル派は教皇選挙への干渉を断念した。枢機卿団は新教皇ニコラウス三世（一二七七〜一二八〇）を選出した。教皇は使徒座の自由と独立を固めることに力をつくした。

また教皇は西欧の平和のためにハプスブルク家のルドルフとアンジュー家のシャルルとの友好関係の成立に心をくだいたが、両者の平和協定が結ばれる前に教皇は没した。ニコラウス三世は在位中、一二七九年フランシスコ会の清貧をめぐる争いを解決した。教皇はフランシスコ会士たちに福音的勧告の清貧の遵守を義務づけ、修道会の完全な所有放棄をたたえたが、人間生活と使徒生活の実践に必要である事物の質素な使用は認可した。

枢機卿団は枢機卿シモンを新教皇に選出した。彼はフランスの国民的聖人マルタンの名をとってマルティヌス四世（一二八一〜一二八五）となったが、教皇は在位中アンジュー家のシャルルの意のままの道具であった。ローマ人は教皇を喜ばなかった。教皇はシャルルをローマ元老院議員に任命し、彼のローマ支配を許した。教皇がギリシア教会との平和一致を求める努力を放棄したことは悲しいことである。シャルルは一二八五年野望を燃やした生涯を閉じた。

マルティヌス四世を継いで、新教皇はホノリウス四世（一二八五〜一二八七）となった。彼の選出はローマにおいて歓迎された。教皇はハプスブルク家のルドルフの皇帝戴冠を内諾した。その準備のためにドイツでは一二八七年三月ヴュルツブルク帝国国会と国家教会会議が開催された。その教会会議の席上突発事件が起こった。教皇特使の枢機卿が教皇の名において皇帝戴冠式の献金を全ドイツ聖職者に願った時、ケルン大司教ジークフリートが激しい反論を唱え、国家教会会議に嵐のような反対がまき起こった。このドイツ司教団の否認の態度の背後には、ドイツ選帝侯の国王選挙における自由制限の憂慮があった。ケルン大司教は、教皇庁とハプスブルク家のルドルフがドイツを世襲国家にする意図をもっていると主張した。ローマに対するドイツの不満はひろがっていった。教皇は突如死んだ。ルドルフは皇帝戴冠の希望を断念しなければならなかった。

教皇座をめぐる争いはおよそ一ヶ月続いた。一二八八年二月新教皇はニコラウス四世（一二八八〜一二九二）となった。彼は教皇職についた最初のフランシスコ会士である。ニコラウス四世は宣教の教皇とたたえられている。教皇はフランシスコ会士たちに世界への福音宣教を委ねた。彼らはアルバニア、セルビア、アルメニアへと旅立っていった。教皇はアジアの国々へヨハネス・デ・モンテ・コルヴィノ（一二四七〜一三二八）を派遣した。ヨハネスは宣教の旅を続け、ついに元の都で福音を告げ、教皇によって一三〇七年北京大司教に任命された。さらに教皇は芸術を奨励し、ローマ教会の財政に深い配慮を払った。ニコラウス四世は一二九二年四月四日ローマで没し、美しいモザイクで飾ったサンタ・マリア・マジョーレに葬られた。

教皇へのあこがれ

一二人の枢機卿たちが新選挙のために集まったが、新教皇を選出するまで二年三ヶ月かかった。ローマのオルスィニ家とコロンナ家との対立が教皇選挙を妨げて、教皇選挙の枢機卿会の場所が定められなかったからである。一二九三年十月十八日枢機卿団はペルジアに集まることに一致したが、一二九四年七月五日まで教皇選挙は続いた。そこで隠遁者ペトロ・デ・ムッロネが選出され、チェレスティヌス五世（一二九四）となった。

新教皇はベネディクト会士であった。人々は長年の苦業生活が深く彫りつけられたこの八十歳の老修徳者の中に福音的時代の新しい訪れを実感した。人々は非キリスト教的諸事件の中で不正な政治行動から超脱した聖なる牧者へのあこがれを修徳的神秘的な人格の中に満たそうとした。枢機卿たちは世界情勢を知らない天使のような教皇の出現を希望していた。チェレスティヌス五世は山々の隠修士たちには歓迎されたが、教皇職のために必要な知識と世界体験がなかった。教皇は瞑想と孤独にあこがれた。教皇職について五ヶ月後、チェレスティヌス五世は後継者に教皇職を委ねる決心をした。それは有効か無効か、許されるか許されないか、激論が湧きあがった。ダンテは教皇を地獄へ罰し、ペトラルカは高い賞賛を与えた。隠修士教皇の生涯は深い悲劇で終わった。一二九四年十二月十三日彼は教皇衣を脱いで修道服を着た。

新教皇が選出され、枢機卿ベネディクトゥス・ガエターニがボニファティウス八世（一二九四〜一三〇三）の教皇名をとった。新教皇はチェレスティヌス支持者による教会分裂を心配した。不幸にもチェレスティヌスは教皇ボニファティウス派の捕われ人となってフモネ城で暮らし、山の修徳の庵へ帰ることができないままに没した。

教皇職の悲劇の影

ボニファティウス八世は一二四〇年ローマ貴族の家に生まれ、オルスィニとコロンナ両家と親族関係にあった。彼は一二九五年一月二十三日即位した。インノチェンティウス三世とボニファティウス八世とは、よく比較され論じられている。両教皇とも多才な自然的天賦に恵まれ、支配者的イメージをもっている。彼らは教会改革、特に司教たちを国家に縛っている綱をゆるめ、教会による国家生活へのキリスト教的影響を願っていたのである。

両教皇は世界の平和のために尽したが、インノチェンティウス三世が同時代においても後世においても賞賛されたのに対して、ボニファティウス八世は在位中に数知れない敵対者に憎まれ、それは後世彼の墓の上にまでおよんだ。ボニファティウス八世は判断と愛においては冷静かつ厳格であったが、物欲に心をとらわれ、親族主義的でもあった。かくて彼は人々に畏怖されたが、愛されなかった。フランシスコ会の詩人ジャコポーネはボニファティウスについて語っている。「私は夢の中で木槌のない大きな鐘を見たが、これは何を意味するか」とボニファティウスはジャコポーネに尋ねた時、彼は「心のない人、あなたを現している」と教皇に答えた、と。ボニファティウス八世は権勢と強い生命力をもち、死ぬまで不動であった。この教皇の強さにおける弱さは教会政策に悲劇の影を落としたのである。

ボニファティウス八世は、全キリスト教世界がローマ教会に従うべきである、という思想を抱いていた。しかしグレゴリウス七世以来西欧は新たに力強く変化してきた。教皇は教皇職と教会から独立した権威を主張しようとするフランス国家と対立するにいたった。教皇は十字軍遠征の計画を抱き、フランドル占領をめぐるイギリスとフランス間の戦争を和解させようと努力したが、成果がなかった。

両国は戦争遂行のために聖職者に税を課した。一二一五年のラテラノ公会議の決議に従って、聖職者税は教皇庁の認可が必要であった。教皇は一二九六年二月二十五日教書『クレリチス・ライコス』をもって激しい語調で聖職者への重税を国王たちに禁止したが、教皇教書にフランス国王もイギリス国王も従わなかった。イギリスの聖職者は教皇教書に従って戦争税を拒絶し、その例に貴族たちも従った。フランス司教団も一〇分の一税の承認を却下した。教皇教書に対して、フランスのフィリップ四世美王（一二八五～一三一四）は、一二九六年八月十八日フランスからの金銀の輸出禁止令を出した。

フランスからの教皇庁への献金は停止され、九月二十日ボニファティウス八世は教会の自由を傷つけたと国王を非難した。その間にフランスでは反ローマ的活動が始まった。フランス国王の政策は、ローマに献金を払うことで苦しんでいた国民全体の賛成をえた。フィリップは教皇との争いに国民の支援をえることになった。その後教皇は九月二十五日教書『イネファビリス・アモーリス』において譲歩し、聖職者の自由寄附を認可したので暫しの和解が行われた。

一三〇〇年ボニファティウス八世は輝かしい式典を祝うことができた。教皇は教書『アンティクオルム・ハベト・フィデム』（古代の人々の信仰をもて）によって、全キリスト教徒に使徒ペトロスとパウロスの墓への巡礼を呼びかけた。この年、数知れない巡礼者がローマを訪れた。改心へのはかり知れない希望は、皇帝空位の嵐が去った時代の人々の心をとらえたのである。

『ウナム・サンクタム』

ボニファティウス八世とフィリップ四世の争いは再燃した。教皇が国王に対してローマ教会会議に出頭するよう要請した後、国王は一三〇一年の教皇教書『アウスクルタ・フィリイ』を偽造した『デウム・ティメ』をフランス国内にひろめた。この偽造教書は、教皇が鋭くフランス国王と国民を攻撃しているとしたものであった。このため教皇に反対するフランスの世論が高まり、フランス国会は一三〇二年四月国王を支持した。

教皇は黙し難く、十一月十八日『ウナム・サンクタム』を公布した。教皇はこの教書において「唯一の聖なるカトリック・使徒教会のみがある。教会は唯一の神秘体である。その頭はキリストである」と強調した。さらに教皇は「二つの剣、霊的権能と俗的権能がある。両者は教会の権能の中にある。しかし俗的権能は霊的権能に従うべきである」と告げ、教書の結びの言葉をもって教皇の首位権を明らかにし、「救済のためにローマ教皇に従うべきである」と宣言した。この教皇教書の結びの言葉は特にインノチェンティウスとトマスの著作から汲まれ、さらにベルナルドゥスやサン・ヴィクトルのフーゴーの思想の響きをもっている。

教皇はフランス国王との平和に努力したが、フィリップ美王は教皇攻撃を決心し、一三〇三年三月十二日フランス国会で大臣ノガレは、ボニファティウスが正統教皇ではなく、異端者、神の冒瀆者、殺害者であると非難した。教皇は九月八日聖マリア誕生の祝日にフィリップ美王を教会破門にすることにした。だがその前日教皇はアナーニでノガレの一団に捕えられた。教皇は一切の要求を却下し、生命を犠牲にする決心を告げた。三日目に教皇はアナーニ市民によって解放され、ローマに帰ることができたが、十月十二日ボニファティウスはヴァティカンで死を迎えた。教皇の死が彼の教皇職の苦しみを救ったが、ボニファティウス八世と共に、教皇職は沈んでいった。

グレゴリウス七世からボニファティウス八世までの諸教皇の権能要求の中に、単純に全キリスト教世界支配への努力を見るのは誤りであろう。中世の教皇たちの最も深い願いは、西欧キリスト教界をキリストの精神において保持し、できる限りキリスト教化することにあった。皇帝権の普遍的なキリスト教的権威が消えていくにつれて、強い霊的権能の使命が切迫していた。霊的領域と俗的領域の不明瞭な西欧状況においては、霊的権能が政治領域に係わらなければならなかった。だが、教会史も世界史も、誰も一度享受した権力を喜んで放棄しないことを教えている。あらゆる権力要求は権勢の維持と上昇を追求する。そこから多くの歴史的不幸が起こった。教皇職もその例外ではない。

アヴィニョン教皇時代

ボニファティウス八世の死後、ローマのオルスィニ家とコロンナ家の政争が再燃した。かかる状況の中で枢機卿団の教皇選挙によって、枢機卿・ドミニコ会前総長ニコラウス・ボスカスィニがベネディクトゥス十一世（一三〇三〜一三〇四）となった。教皇はイタリアにおけるフランス勢力と、教皇領における政争に直面して何もできず、フランス国王の要求のままになった。彼の教皇在位は八ヶ月であった。

枢機卿団はフランス派とボニファティウス派に分かれ、教皇選挙会は新教皇を選出するまで一〇ヶ月続いた。フランス派はボルドー大司教を選出した。彼はクレメンス五世（一三〇五〜一三一四）となった。この教皇選挙は教皇史上最も困難な一つであった。十一月一日諸聖人の祝日、教皇即位式がリヨンで行われた。教皇は意志が弱く、フランス国王の圧迫によってついに一三〇九年からアヴィニョンに教皇座を定めた。クレメンスに始まって彼の後継者六人、フランス人教皇たちがアヴィニョンにとどまった。この七〇年間の教皇ローマ不在は、「アヴィニョン教皇時代」あるいは「教皇のアヴィニョン幽囚時代」と同時代人に呼ばれた。

この時代の教皇たちは、フランス国王に強く依存しなければならなかった。フランス勢力の伸長は一三〇五年十二月の枢機卿任命に始まっている。クレメンス五世は九人のフランス人、そのうちの四人は甥を任命した。後の枢機卿任命においてもフィリップ四世の望みのままで、枢機卿団におけるフランス人は優位を占めるにいたった。教皇は一三一一年教書『レクス・グロリエ』をもって、ボニファティウス八世に対するフィリップ四世の行動をたたえ、またフランスに対する故教皇の諸法令を廃棄した。ヴィエンヌ公会議(一三一一~一三一二)は、フィリップ四世の要求に答えて神殿騎士修道会解散を命じた。この修道会の所有はヨハネ騎士修道会や他の騎士修道会に与えられた。しかし諸侯、特にフィリップ美王は神殿騎士修道会の大部分の財産を没収した。教皇はフランス国王の圧迫の下にこの修道会を犠牲にしてしまった。教皇の霊

アヴィニョンの教皇庁

的権能がクレメンス五世時代ほど軽んじられたことはなかった。

クレメンス五世は、一三一四年四月二十日死んだ。枢機卿教皇選挙会は派別的構成の故に二年三ヶ月も延期された。枢機卿団は、クレメンス五世の任命によって、フランス人一七人とイタリア人七人から構成されていた。一三一六年八月新教皇が選出され、ヨハネス二十二世（一三一六～一三三四）となった。新教皇はローマ帰還を表明したが、枢機卿の大多数がアヴィニョンにとどまることを願ったので、アヴィニョン永住を決めた。彼の教皇在位の中心にはフランス国家があった。教皇はフランス国家の西欧における権威上昇を構想していた。それが教皇職の有益な政策の前提と教皇は考えていたからである。高齢の教皇は驚くべき活動をし、特に近東と東洋への福音宣教を促進し、財政政策に力を尽した。教皇は信心の人、清潔の人であったが、親族主義にとらわれていた。

教皇のローマ帰還

ヨハネス二十二世を継いで新教皇は、シトー会士の枢機卿が選出され、ベネディクトゥス十二世（一三三四～一三四二）となった。教皇はその選出後、ローマ市民の使節にローマ帰還の願いを明かしたにもかかわらず、アヴィニョンに教皇宮殿を建ててしまった。教皇は特に教皇庁を改革し、教会職制や教会税制、修道会の刷新に努めた。ベネディクトゥス十二世は改革教皇の一人に挙げられている。続くクレメンス六世（一三四二～一三五二）

はアヴィニョン教皇庁に世俗的宮廷の性格を与えたので、教皇庁の財政が次の時代にけ苦しくなっていった。

一三四八年黒死病《ペスト》が全西欧に大流行し、数知れない人命を奪い去った。一三五〇年教皇は死の不安と恐怖におののく西欧のキリスト教徒にローマへの巡礼を呼びかけ、アヴィニヨンからローマの聖年を祝った。その二年後教皇はローマ帰還の願いをひそかに心に抱きながら没している。インノチェンティウス六世（一三五二～一三六二）は教皇選出後まもなくアヴィニョン宮廷の改革に着手し、宮廷制度を簡素にし、教会財政をつつましくした。彼の最大関心はローマ教皇領における教皇支配の再建であった。

ウルバヌス五世（一三六二～一三七〇）は修道生活を愛した教皇であった。彼け教皇宮廷の単純化を計った。彼はアヴィニョン教皇中、最も親しまれた教皇である。教皇のローマ帰還の声が高まっていった。ペトラルカも教皇に願っている。ようやく教皇はローマに帰還し、二年一〇ヶ月余とどまった。しかし、ローマ民衆の願いをふり切って、教皇は一三七〇年九月再びローマからアヴィニョンへ帰った。教皇のアヴィニョン帰還はローマ民衆にとって大きな失望であった。十二月十九日教皇は没した。

グレゴリウス十一世（一三七〇～一三七八）の最大の課題は、教皇座のローマ帰還であった。フランスの強い反対の中で、一三七二年教皇はローマ帰還を宣言した。一三七六年九月秋教皇はローマ民衆の願いをこめたシエナのカタリナの切実な勧めに従い、ついにアヴィニョンを去り、一三人の枢機卿たちと共に、ローマに入った。翌年三月最後のフランス人教皇はこの世を去った。

教皇庁の七〇年間のアヴィニョン時代は、従来の研究においては否定的判断を受けてきた。フランスへの依存は教皇の普遍的使命にとって重荷であった。特にアヴィニョンの教皇たちの親族主義はキリストの教会を汚し、教会職の所有や大きな財政的要求は厳しい批判を呼んだ。

西欧教会大分裂

アヴィニョン教皇時代は教皇の霊的権能への信頼が地に落ち、西欧教会大分裂の前提となった。グレゴリウス十一世の死後、一三七八年四月ローマに集まった枢機卿たちは、一六人中一一人がフランス人であり、六人がアヴィニョンに残っていた。七五年ぶりにローマで開かれた枢機卿団の教皇選挙会は、不安と緊張とをはらんでいた。ローマ市民はフランス人枢機卿の優勢を心配し、教皇座の危機を感じ、ローマ人教皇を真剣に願っていた。ローマ市民のデモ行進の下で、四月八日の第一回の投票でバリ大司教バルトロメオ・プリニャノが教皇に選出されたが、彼に三分の二が投票されたかどうか確かでない。彼はヴァティカンに呼ばれた。選出の公表がなかったのでローマ市民は枢機卿選挙会へなだれ込んだ。枢機卿たちは死の不安から、ナポリ生まれの非ローマ人大司教を教皇とする勇気がなかった。枢機卿たちは、ローマ人枢機卿テバルデッシを、選出された教皇として発表した。彼は「私は教皇ではない」と断言するにもかかわらず、教皇に即位させられた。フランス人枢機卿たちは混乱にまぎれて逃れた。翌日混乱がおさまり、ローマに残っていた枢機卿たちは再びヴァティカンに集まり、先に選出されたバリ大司教の教皇即位式を行った。新教皇はウルバヌス六世（一三七八〜一三八九）と命名した。

　ウルバヌス六世選出の是非が問題になり、無効選挙の声が高まった。フランス人枢機卿たちはウルバヌス六世の選出無効を宣言し、新教皇にクレメンス七世（一三七八〜一三九四）を選出したため教会大分裂（一三七八〜一四一七）が現実となった。ここに「どちらが真の教皇か」重大な問いが起こった。ウルバヌス六世の教皇職の正統論は最近の研究によって修正されている。枢機卿たちは恐怖が消えた時にウルバヌスを承認した。だがその選挙の有効性はまだ確認されていない。反対にクレメンス七世の選挙も合法的と言えない。それは、ウルバヌス六世がアヴィニョン教皇たちの教会政策から離れることを心配したフランス人枢機卿たちだけによって行われたからである。

　今やここに二人の教皇が互いに教皇職を争い、その死後それぞれの後継者を残した。西欧キリスト教は一方はローマ教皇庁に、他方はアヴィニョン教皇庁に従い、「キリストの一つの体」は二つに裂かれてしまった。この分裂は一つの司教区・修道院・小教区・家庭にまでもひろがっていった。西欧教会大分裂は四〇年間および、キリスト教世界の最大不幸であった。

ピサ教会会議

ローマでは教皇職がウルバヌス六世からボニファティウス九世（一三八九〜一四〇四）、インノチェンティウス七世（一四〇四〜一四〇六）、グレゴリウス十二世（一四〇六〜一四一五）と継承された。アヴィニョンではクレメンス七世からベネディクトゥス十三世へと継承された。フランス派の非妥協性の故に、分裂がますます深まるばかりであったので、枢機卿のローマ派とフランス派はピサで教会会議を開催することに合意した。

教会会議は一四〇九年三月二十五日聖マリアお告げの祝日にピサ大聖堂で開催された。二四人の枢機卿、四人の総大司教《パトリアルカ》、八〇人の大司教と司教、数多くの修道院長、二〇〇人を越える司教と修道院長の神学顧問、大修道会総長たちと西欧の諸国王が参加した。教会会議は六月二十六日ミラノ大司教・枢機卿ペトロス・フィラルジィを教皇に選出し、彼はアレクサンデル五世（一四〇九〜一四一〇）となった。一四〇九年八月にピサ教会会議は終わった。しかしベネディクトゥス十三世とグレゴリウス十二世は教皇職を退かなかったので、全キリスト教会には三人の教皇が存在することになった。

コンスタンツ公会議

アレクサンデル五世は主要な活動もなしに死んだ。ヨハネス二十三世（一四一〇～一四一五）が継いだ時、公会議を願う声は激しくなった。ドイツ国王ジギスムントの努力で、ボーデン湖岸のコンスタンツが公会議の場所に選ばれた。公会議開催は一四一四年十一月一日、諸聖人の祝日に定められた。コンスタンツ公会議（一四一四～一四一八）は、教会史上最も信仰の輝いた一つである。ピサ派のヨハネス二十三世とアヴィニョン派のベネディクトゥス十三世は解任された。ローマ派のグレゴリウス十二世は、一四一五年七月四日教皇グレゴリウスの名において公会議を召集した後に、教皇退位の宣言文書を読みあげた。コンスタンツ公会議は七月二十六日ベネディクトゥス十三世の正式退位をもって終わった。ローマの枢機卿オドー・コロンナが正統の新教皇に選ばれて、マルティヌス五世（一四一七～一四三一）となった。かくて西欧キリスト世界は、普遍的に承認された教会の頭をもつことができた。マルティヌス五世は中世的教皇の最後の人であった。彼の後継者エウジェニウス四世（一四三一～一四四七）はすでにフィレンツェで開花し始めていたルネサンス文化に触れ、彼と共にルネサンス文化はローマに入って新しい生命を告げるのである。

ルネサンスの教皇たち

枢機卿団は新教皇を選出し、彼はニコラウス五世（一四四七～一四五五）となった。一四四九年対立教皇フェリクス五世（一四三九～一四四九）がその座を去ったので、バーゼル教会会議は最終会議においてニコラウス五世を教皇に承認し、西欧教会大分裂は決定的に終わった。

すでにマルティヌス五世とエウジェニウス四世は、教会分裂の精神的廃墟のさなかにローマ市の美化に努力していた。ローマにはルネサンス芸術が萌え始めていた。一四五〇年ニコラウス五世は「聖年」を祝った。数知れない巡礼団がローマを訪れた。その二年後、教皇はフリードリヒ三世の皇帝戴冠式を行った。これは、教皇がローマで授けた最後の皇帝戴冠式である。教皇の晩年は一四五三年五月二十九日トルコ軍によるコンスタンティノープル陥落によって暗く蔽われた。ニコラウス五世は信仰擁護のために十字軍を呼びかけたにもかかわらず、彼はビザンティン人を守るよりもひたすら芸術と学問だけを守ることを心配していた。教皇はローマに美の開花期を築いた。教皇庁は学者・文人・芸術家の中心となった。教皇は古典古代とキリスト教の写本を集め、写させ、ヴァティカン図書館の基礎を造った。教皇は、民衆は観るものの偉大さによって信仰を強めると考え、学問と芸術の保護においてローマ使徒座の権威を高めようとした。美の華やかな開花の中に、ニコラウス五世は個人的には質素に生きた人であった。

カリストゥス三世（一四五五〜一四五八）が新教皇になった。彼と共にボルジア家が教皇史に入った。彼の教皇在位は十字軍思想と反トルコ軍防衛に献げられた。

ヒューマニスト、エネア・スィルヴィオ・ピッコロミニがピウス二世（一四五八〜一四六四）として新教皇になった。一四五五年の司祭叙階後、彼は華麗なルネサンス社交界から気高い信仰の人へと内的変身をした。一四五八年十月、教皇はマントゥアに西欧会議を召集し、文学的に香り高い反トルコ十字軍への呼びかけを公けにした。ピウス二世はこの危機を諸国民の罪に対する天の罪と述べ、西欧共同体について説いている。「たびたび教会の船は揺らぐ、だが沈まない。嵐にさらされる、だが毀れない。襲われる、だが攻め落とされない。神はその愛する人々を試みられる、だが倒すことはできない」と。

ピウス二世に関する歴史家の判断は異なっている。彼は個性と英知に秀でていたが、彼の教皇在位は失敗から免れなかった。だが教皇のキリスト教一致への活動は偉大であった。彼の後継者パウルス二世（一四六四〜一四七一）はヒューマニストたちと対立した。教皇はローマ・アカデミアを廃止し、野蛮人とののしられた。バルトロメオ・プラティナは、彼を教皇史における学問と芸術の敵と呼んでいる。

パウルス二世の死後、新教皇シクストゥス四世（一四七一〜一四八一）は一四七五年聖年を祝い、聖マリア崇敬を奨励した。教皇は個人的善良さと信心にもかかわらず、親族主義によって教皇庁を世俗に落とした。シクストゥス四世はルネサンス教皇庁の世俗化の源泉であった。他方において教皇はローマをルネサンスの都に変えた。システィナ聖堂の創始者は彼であった。次のインノチェンティウス八世（一四八四〜一四九二）は平和愛好の人、だが弱い性格の人であった。

彼を継いでロドリゴ・ボルジアがアレクサンデル六世（一四九二〜一五〇三）となった。彼の生活態度は教会の高位聖職者にふさわしいものではなかった。彼は自己の過去の姿から改心し立ちあがる力をもたなかった。教皇の典礼式長・ブルクハルト・フォン・シュトラスブルクの日記が教皇を非難しているが、これを批判的に見ても、アレクサンデルの弁護は不可能である。アレクサンデル六世においてルネサンス教皇は絶頂に達した。

ピウス三世（一五〇三）は二六日の短い教皇在位であったが、教会改革に燃えていた。ユリウス二世（一五〇三〜一五一三）は教皇よりも将軍の如き人であった。教皇は教皇領における権力強化に努めた。彼の在位中、ブラマンテ、ミケランジェロ、ラファエロが輝かしい美を創造し、ローマはイタリアにおけるルネサンス芸術の嶺となった。

レオ十世とルター

ルネサンスに心酔していたレオ十世（一五一三〜一五二一）の時、一五一七年ドイツにおいて大事件が展開した。マルティン・ルターが『贖宥《インドルジエンツィア》に関する九五条』の諸命題を、権限をもつ司教たち、特にマインツ・マグデブルク大司教アルブレヒトに送り、神学的研究を願った。ルターは諸命題において贖宥を原則的に否定したのではなく、贖宥説教の乱用に大きな司牧的憂慮を訴えた。ルターは大司教アルブレヒト宛の手紙の中で、贖宥説教家が贖宥について誤った約束をし、それによって民衆は神の罰を恐れなくなっている、それゆえ大司教の贖宥教書を撤回し、贖宥の教令を神学的に明らかに説明して欲しいと、願った。

ルターが取りあげた贖宥命題は、教皇ユリウス二世とレオ十世が聖ペトロ大聖堂のために与えた贖宥に対するものであった。一五一五年三月三十一日のレオ教皇の『贖宥教書』において、死者の罪の有限な罰のための教会の恵みの施しに関する贖宥は、神学的教えに基づいていた。ルターは教皇の教えを正しいと思った。しかし贖宥説教家は誤解に満ちた教えを説いた。ルターは贖宥の神学的限界を越えていった。どうして教皇は、貧しい信徒の献金による代わりに、自分の財政で聖ペトロ大聖堂を建てようとしないのか、ルターは批判の心をもった。彼は、すべての司教がその司教区において、すべての主任司祭がその小教区においてもつ以上の贖宥の権能を教皇はもっていない、と思った。

だがルターは贖宥の命題について教会と公会議の決定に従うことを宣言した。ルターは修道会長上シュタウピッツに教皇宛の手紙を添えて書き送っている。教皇宛の手紙は次の言葉で終わっている。「あなたの声を私はあなたの中に支配し生きているキリストの声として認めます」と。

ローマ教皇庁は大司教アルブレヒトを通じてルターの命題と行動を知った。この大司教の知らせはそのままルターに対する異端の疑いで教皇裁判を開かせることになった。一五一八年十月ルターは教皇特使枢機卿カエタヌスによってアウグスブルク帝国国会で調べられた。十月十六日ルターは教皇に訴え、さらに十一月二十八日公会議に訴えた。一五二〇年六月十五日、レオ十世はルターに対する教会破門の警告の教書『エクスルジェ・ドミネ』に署名した。

ついに教皇は一五二一年一月三日ルターを教会破門にした。ウォルムス帝国国会において裁判が行われたがルターは一切を拒絶した。レオ十世はルターを異端論から救うことができなかった。教皇は十二月一日死んだ。彼に関する歴史家の判断は否定的である。彼には教会司牧の責任が欠けていた。時代の新しい展開に直面して、教会は西欧の信仰分裂のひろがりをくいとめることのできる改革教皇を必要としていた。

6 近代世界の教皇職

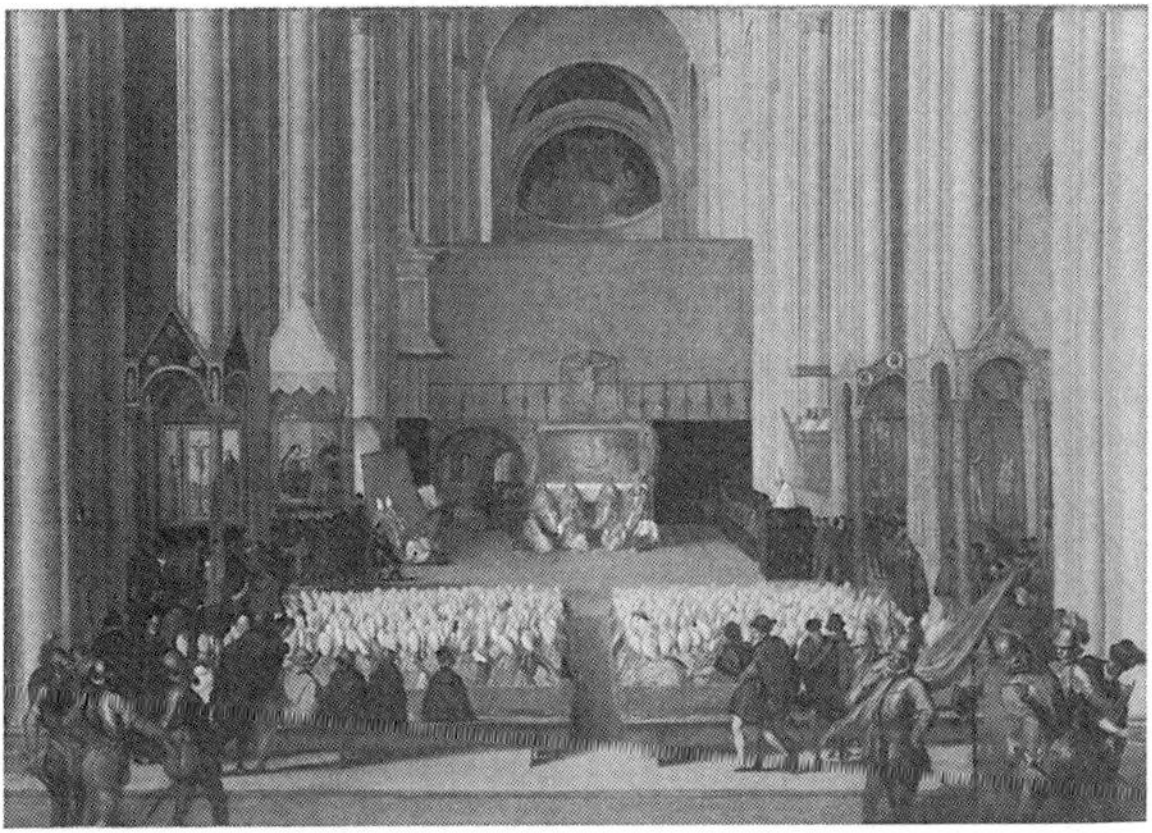

トリエント公会議（ルーヴル美術館）

苦悩と希望の中に

信仰分裂時代と教会刷新

レオ十世の没後キリスト教世界が希望していた刷新教皇が教会に送られた。ハドリアヌス六世(一五二二〜一五二三)である。彼は一四五九年ユトレヒトの棺造りの子として生まれ、ルーヴァン大学神学教授、皇帝マクシミリアン一世の孫、後のカール五世の教育掛りを務め、一五一七年枢機卿になった。彼は一五二二年一月スペイン宮廷で教皇選出の知らせを受け、三月八日教皇指名を受諾した。彼は「キリストがふさわしくない私にキリスト教世界を守る力を与えて下さる」と信仰の希望を表明し、八月三十一日教皇座についた。

しかし新教皇の教会刷新の理想と希望は受け入れられなかった。人心の奢りは教皇の清貧を喜ばなかったのである。特にローマ人は知らないネーデルランド人の教皇選出を失望の思いで受けとった。ハドリアヌス六世は教会刷新の希望を実践に移すことができなかった。教皇は一五二二年十一月のニュルンベルク帝国国会にフランチェスコ・チェレガティを派遣した。そこで教皇特使は教皇の手紙を読みあげ、ルターの信仰真理の誤謬と教会分離を罰し、同時に教皇庁の共同罪責を告白した。「神は教会に人々の罪、特に司祭たちと高位聖職者の罪のゆえに苦しみを与えた。先ず教皇庁の刷新にあらゆる努力を献げる」と教皇は誓った。しかし教皇の心からの罪責の告白も大きな効果をもたらさなかった。教皇の改革希望は未完のままで終わった。

新教皇クレメンス七世（一五二三〜一五三四）は前任教皇の精神を受け継いだ。教皇は西欧諸列強間の平和に心をくだいた。それはトルコ侵入軍の脅威に直面して、時の掟であった。だが教皇の平和への努力は挫折した。歴史家ランケは、クレメンス七世を教皇史において最も不運な教皇と呼んでいる。パウルス三世（一五三四〜一五四九）が教皇座についた。即位後、新教皇は公会議召集を決定し、一五三五年春公会議召集を宣言した。

公会議はドイツの都市トリエント司教座聖堂で開催された。トリエント公会議は、第一会期一五四五年〜四九年、第二会期一五五一年〜五二年、第三会期一五六二年〜六三年まで開催された。パウルス三世は第一会期を指導した。公会議は「信仰源泉」「原罪」「義化」「秘跡」について信仰決定した。パウルス三世は修道会刷新を願って、新しい修道会、ティアティノ、カプチン、バルナバ、ウルスラ会を支持し、かつイエズス会を承認した。さらに教皇はすべての司教たちがキリストの使徒の如く教会への奉仕にひたすら生きることを求めて、彼らに任命司教区定住を義務づけた。また一五四二年、イタリアに現れた種々の異端的な信心運動に直面して「信仰審問会《インクイスイツイオ》」を設置し、この六人の枢機卿からなるローマ教皇庁の信仰審問会は後に「使徒信仰聖省《サンクトウム・オフイチウム》」と呼ばれ、全教会における使徒信仰の純粋性を保持する使命をもった。パウルス三世が没した時、教会改革はキリスト教世界にひろがっていった。

新教皇ユリウス三世（一五五〇～一五五五）は親族主義によって世俗的姿を示したが、同時にカトリック刷新を促進した。教皇はトリエント公会議第二会期を開催し、特に「聖体」「告白」「病油」の秘跡に関して、また「司教職の行使」「聖職者の生活様式」に関して信仰決定をした。ユリウス三世を継いで、マルチェルス二世（一五五五）が選出されたが、不幸にも二一日間の教皇であった。教皇パウルス四世（一五五五～一五五九）の在位は異常な厳格主義と親族主義で蔽われた。教皇は多くの人々の心に大きな失望として映った。パウルス四世の死後、教皇選挙会はフランス派とスペイン派に分かれ、新教皇の選出まで四ヶ月の月日が流れた。

ピウス四世（一五五九～一五六五）が教皇座につき、トリエント公会議第三会期が開催された。公会議は特に「聖体拝領」「ミサ聖祭」「叙階と結婚の秘跡」に関して信仰決定をした。トリエント公会議は、西欧の信仰一致を再建できなかったが、カトリック教会の刷新をもたらし、世界にカトリック信仰真理を明示した。ピウス四世はトリエント公会議を完成へ導いた。それは彼の輝かしい業績であった。

公会議決議の実践

ピウス五世（一五六六〜一五七二）はドミニコ会士、修道者教皇として生きた。教皇は自らカトリック刷新を純粋な形式において具現し、トリエント公会議の精神を実践した。公会議決議に従って一五六六年『ローマ・カトリック信仰要理書』、一五六八年『聖務日禱書』、一五七〇年『ローマ・ミサ典礼書』が現れた。

ピウス五世の主要な努力はローマ・カトリック信仰の純粋な維持と擁護に献げられた。教皇は信仰誤謬論に対しては外的厳格さでのぞんだ。一五七〇年エリザベス一世（一五五八〜一六〇三）は異端者かつ異端促進者として教会破門にされ、その支配権は否認された。それは教皇による西欧諸侯に対する最後の廃位宣言であった。この教皇処置はイギリスで激しいカトリック迫害を招いた。ピウス五世は一五七二年没したが、彼の人格の意義は、彼によってトリエント公会議の決議が実践に移され、教皇たちがカトリック刷新の担い手になったことにある。

グレゴリウス十三世（一五七二〜一五八五）が新教皇になった。教皇はその宗教的人格の中に教会刷新を継続し、その刷新の担い手として教皇特使制度を組織し、カトリック宮廷に教皇特使を派遣した。また教皇は司祭養成のために神学院をローマに設立した。ドイツ学院とハンガリー学院、イギリス学院とギリシア・アルメニア学院が創立された。教皇はローマをカトリック神学の中心かつ全教会の司祭養成の中心にし、ここから教会の未来の指導者たちが数多く輩出していった。シクストゥス四世以来計画されていた「ユリアヌス暦」の刷新がグレゴリウス十三世の下で完成され「グレゴリウス暦」が誕生した。

彼の後を継いでフランシスコ会士が教皇に選出され、シクストゥス五世（一五八五〜一五九〇）が使徒座についた。教皇は教皇領の制度を造り、教会財政を健全にした。また教皇は教会建築に力を尽した。聖ペトロ大聖堂の天蓋を完成したのは彼であった。ローマはバロックの都になった。

教皇のすぐれた業績はローマ教皇庁の刷新である。枢機卿団が再組織され、その定員が「七〇名」、六人の枢機卿司教、五〇人の枢機卿司祭、一四人の枢機卿助祭とされた。この数は一九五八年になって初めて増加されることになる。教皇庁の制度刷新が行われ、一五人の枢機卿聖省が設置され、それぞれの職と使命が定められた。それは最も主要な教会改革であった。シクストゥス五世は全世界の司教たちの一定のローマ訪問を決め、教皇と司教との一致を計り、同時に教皇庁の全教会中央統治を確立した。彼の教皇在位中にローマは新たに全カトリック・キリスト教世界の信仰の中心となった。

新教皇ウルバヌス七世（一五九〇）は選出後一二日で没した。次のグレゴリウス十四世（一五九〇〜一五九一）も短命であった。インノチェンティウス九世（一五九一）も二ヶ月で没した。クレメンス八世（一五九二〜一六〇五）の下に、一六〇〇年聖年が祝われ、ローマへの巡礼者は一〇〇万を越えたと言われる。教皇は自ら聖ペトロ大聖堂で巡礼者の告白を聞き、彼らに罪の許しを与え、親しく彼らと対話した。このような教皇の宗教的人格は教皇職に対する全カトリック教徒の信頼を高めた。彼の後継者レオ十一世（一六〇五）は二六日間の教皇在位で没した。

三十年戦争

パウルス五世（一六〇五〜一六二一）が教皇座についた。彼は教皇の権能を完全に行使しようと努め、ヴェネツィア共和国との対立に落ちた。共和国と教皇との対立は聖俗権、すなわち教会と国家の関係をめぐる基本原則の争いに発展したが、一六〇七年スペインとフランスとの仲介によって平和が訪れた。フランスとスペインに対して、パウルス五世は中立的であった。

彼の教皇在位中、ドイツにおいて宗派的対立が鋭くなった。一六〇八年プロテスタント諸侯たちは同盟《ユニオン》を組織し、一六〇九年カトリック諸侯はバイエルンのマクシミリアンの指導の下に連盟《リガ》を結んだ。一六一八年ついに三十年戦争が起こった。かかる混乱状況の中で教皇が新しい世界宣教活動を指導したことは意義深い。また彼によって聖ペトロ大聖堂が完成されている。

パウルス五世を継いでボロニャ大司教が教皇に選出され、グレゴリウス十五世（一六二一〜一六二三）となった。新教皇は教皇選挙を改革した。一六二一年十一月の『教皇選挙に関する教令』は秘密投票を決めた。翌年六月、アメリカ・アジア・アフリカの宣教のために「信仰宣教聖省」が設置された。グレゴリウス十五世の努力はトリエント公会議決議の実現であった。そのために教皇はイエズス会に特別な支持を与えた。一六二二年教皇によってロヨラのイグナティウス、フランシスコ・ザビエル、アヴィラのテレサ、フィリップ・ネリが列聖された。ウルバヌス八世（一六二三～一六四四）は、三十年戦争のさなかにあった諸列強国と全西欧キリスト教世界の平和を心配しなければならなかった。

枢機卿団は教皇選挙会において、フランス枢機卿マザランの政治的干渉にもかかわらず、新教皇インノチェンティウス十世（一六四四～一六五五）を選出した。彼の教皇在位中の事件はウェストファリア平和条約の締結であった。教皇特使ファビオ・チジが参加し、ミュンスターとオスナブリュックの平和会議によって三十年戦争は終わることができた。カトリック教会にとってウェストファリア平和条約の結果は苦しいものであった。教会は一四の大司教区と司教区、多くの修道院を失った。教皇はこの条約条項に抗議したが空しかった。インノチェンティウス十世の死後、西欧キリスト教世界の世俗化が始まった。

フランス優位時代

ウェストファリア平和条約の時代における教皇たちはすぐれたキリストの代理者であった。だが教皇の権能の威信は後退していった。枢機卿ファビオ・チジが選出され、アレクサンデル七世（一六五五～一六六七）と教皇名をとった。彼はケルン教皇特使を務め、ミュンスター平和会議に参加し、一六五一年以来教皇庁国務長官としてヴァティカン政策を行った。教皇は信心と学識の人で尊敬を集めたが、ミュンスター平和会議以来、教皇とフランスとの関係はよくなかった。

一六五六年と一六六二年に教皇庁フランス使節の召還とローマ退去問題が起こり、いっそう両者の関係は悪化した。若いルイ十四世はガリカニズム的理念をもって教会政策を進めた。教皇は一六六四年のピサ協定においてフランスの要求に屈しなければならなかった。フランス国王は司教任命の広汎な権限を受けとることになった。

その頃西欧はトルコ軍がウィーンに迫る危機にあったが、教皇の一つの大きな喜びはグスターフ・アドルフの娘スウェーデン女王クリスティネのカトリック改宗であった。一六六四年彼女は女王の座をおり、翌年十一月インスブルクで公にカトリック信仰宣言を表明した。ローマの学問生活にとって、アレクサンデル七世によって建てられたサピエンツィア大学は意義深い。また教皇はベルニーニに託してヴァティカンや聖ペトロ大聖堂の広場を飾った。

一六六七年アレクサンデル七世の没後、教皇職は弱くなり、西欧の諸列強国に動かされるようになった。クレメンス九世（一六六七～一六六九）、クレメンス十世（一六七〇～一六七六）、インノチェンティウス十一世（一六七六～一六八九）、アレクサンデル八世（一六八九～一六九一）は西欧の国際的優位に立つフランスの「ガリア教会の自由」の圧迫を受けた。フランスではローマ使徒座によって承認されない司教の数が増加した。

教皇権と国王権との対立が激しくなったがインノチェンティウス十二世（一六九一～一七〇〇）とルイ十四世（一六四三～一七一五）が和解した。一六八二年のフランス聖職者会の参加者とガリカニズム宣言の署名者は教皇に従順を約束した。それはガリカニズム宣言の撤回であった。ルイ十四世はフランス聖職者をガリカニズム宣言の義務から解いた。フランス司教たちに教皇承認が与えられ、一六九三年来すべてのフランス司教座は再び教会法によって叙階された司教たちが指導することになった。またインノチェンティウス十二世の大きな功績は福音宣教への献身であった。教皇は中央アメリカ、南アメリカ、中国、ペルシア、アルメニアに宣教師たちを派遣した。一七〇〇年九月二十七日教皇は没した。教皇は、葬儀のさい、貧者の父、自己なき牧者、深い信仰の人としてたたえられた。

枢機卿ジョヴァンニ・フランチェスコは、数日の熟慮後教皇選出を受諾し、クレメンス十一世（一七〇〇～一七二一）となった。まもなく教皇はスペイン王位継承問題に係わらなければならなかった。新スペイン国王フェリペ五世は、スペインとほとんどの西欧諸列強に承認されたが、ドイツ皇帝レオポルド一世は反対し、ブランデンブルク、イギリス、オランダの支持をえた。教皇は王位継承問題の決定を避けようとしたが、ついにフェリペ五世を承認してしまった。教皇と皇帝間の緊張は大きくなった。

この状況は一七〇五年レオポルド一世の死後ヨーゼフ一世が継いでさらに鋭くなったが、

一七一三年スペイン継承戦争はユトレヒト和約で終わった。この問題解決において教皇の政治的無力が明白に現れ、教皇への不信が強まり、教皇の権能は沈んでいった。クレメンス十一世は幸運ではなかった。教皇は一七〇五年新たに再燃した、教義上道徳上の厳格主義のジャンセニズムに対してルイ十四世の圧迫の下に、教皇インノチェンティウス十世によるジャンセニズムの処罰宣告を再び確認した。教皇の世界宣教の努力は称賛されるべきであるが、クレメンス十一世が一七一五年、福音宣教と教会のミサ典礼を諸民族の文化・生活・慣習に順応させることを禁止したことは不幸であった。この決定によって世界の諸民族への信仰の拡大、特に中国の宣教は大きく妨げられた。その結果福音宣教の活動は前進しなかったと言わなければならない。

国家教会主義時代

インノチェンティウス十三世（一七二一～一七二四）の教皇在位は平穏であった。教皇の外交的巧妙さによって政治的勢力との関係は改善できた。枢機卿団の教皇選挙会は五月二十九日枢機卿フランチェスコ・オルスィニを教皇に選出した。彼はベネディクトゥス十四世と命名しようとしたが、対立教皇ベネディクトゥス十三世を認めないローマ市民が反対したので、ベネディクトゥス十三世（一七二四～一七三〇）となった。新教皇はドミニコ会士、司教としても修道生活の日々を親しみ、司牧活動に従事し、多くの修徳的・実践的神学著作を残した。彼は教会規律を刷新し、特に教皇領における奢侈を禁止した。彼は全教会の霊的生活の豊かさを願ってアロイシウス・ゴンザカ、十字架のヨハネ、スタニスラオス・コスタカを列聖し、神学の深さを求めてトマスの教えを推奨した。かかるベネディクトゥス十三世は政治問題にはまったく触れなかった。

カトリック諸国家の影響を受けていた枢機卿団は七十九歳の枢機卿ロレンツォ・コルスィニを新教皇に選出した。クレメンス十二世（一七三〇～一七四〇）はフィレンツェ貴族出、教皇即位後二年目に完全に失明した。教皇は学問と芸術の促進者であったが、教皇庁の財政は苦しくなった。この財政危機の中で、教皇はヴァティカン図書館の拡充、ラテラノ・バジリカの大廻廊やローマの美しい聖堂の一つ、聖アンドレアス・コルスィニ聖堂を建立している。教皇は信仰宣教聖者を支持し、フィリッピン、北インド、南アメリカに対して福音宣教を促進した。

次の教皇選挙会は近代教皇史上最も長い教皇選挙会であった。枢機卿団はフランス・オーストリア派とナポリ・トスカナ・スペイン派とに分かれ、教皇選挙は六ヶ月以上も続いた。ついに全員一致でボロニャ大司教が選出され、新教皇ベネディクトゥス十四世（一七四〇～一七五八）が使徒座についた。彼は教皇庁の財政健全化に努め、教皇護衛兵の数を縮小した。彼は時代の学問的必要性を見つめる眼をもって教会法と教会史、自然科学と医学の研究を奨励した。また彼は政治的感覚をもって西欧諸国家に権限を与えることによって教会政策上の対立をさけることができた。

一七五三年教皇庁とスペインとの協定が結ばれ、使徒座はスペイン国王に教会の保護職を与えた。かくてスペインでは一万二千の教会職が国王によって与えられることになり、スペイン聖職者は国王に依存することになった。ポルトガルも教皇によって教会の保護職が与えられ、司教任命は国王の前で行われた。ブランデンブルク辺境伯に過ぎなかったプロイセンのフリードリヒ二世に、ベネディクトゥス十四世は国王称号を承認した。

それにもかかわらず、教皇とプロイセン国王との対立が起こった。フリードリヒ二世はプロイセンにおけるカトリック教徒のためにベルリンに国家カトリック統治局の設置を計画した。それはプロイセン・カトリック国家教会を形成する危険をもっていた。かくて教皇はローマ使徒座とプロイセンとの分離に反対したが、フリードリヒ二世は司教任命権を要求した。教皇は現実に屈しなければならなかった。オーストリア継承戦争（一七四〇〜一七四八）の間、教皇は中立の殉教的苦悩を体験しなければならなかった。

典礼論争において、ベネディクトゥス十四世は一七四二年の教書をもってローマ・カトリックの教会の純粋なミサ典礼を強調し、中国におけるミサ典礼の順応化を許さないことを決定し、また一七四四年インドにおけるマラバール典礼を否認した。この教皇決定は宣教活動を困難にし、中国やインドの指導者をキリスト教へ導くのを妨げた。ベネディクトゥス十四世の在位中、イエズス会への反対者が増加し、ローマはその陣営の中心となった。

彼らは教皇を動かし、イエズス会解散を画策した。イエズス会に対する教皇処置による解散運動の火はポルトガルの国家絶対主義の思想をもつポンバルから起こった。

教皇職の悲哀

クレメンス十三世（一七五八〜一七六九）はイエズス会解散問題とドイツ国家教会の独立を主張するフェブロニウス主義に直面した。フェブロニウス主義は、トリエルの名義司教ホントハイムが「フェブロニウス」という匿名で著した『教皇の法的権能論』の著者名と思想に由来する。彼は、教皇の権能は他の各司教の権能よりも大きくない、と説いた。この思想は、教会の統一をこわし、教皇と各司教との一致を絶って、国家諸侯の政治権力下に各司教を服させてしまう危険な可能性をもっていた。ホントハイムの著書は教皇の処罰を受け、彼自身もそれに従ったが、彼の思想は効力を発揮した。国家絶対主義の状況下において教皇の教会政策は無力であった。かかる状況の中で、教皇が一七六五年イエススの聖心《みこころ》の祝日を定めたことは、キリスト教霊性史上意義深い。クレメンス十四世（一七六九〜一七七四）はフランス・スペイン・パルマ・ナポリが共同で教皇を圧迫したため、ついに一七七三年七月二十一日イエズス会に解散を命じた。だがイエズス会はフリードリヒ二世治下のプロイセンとエカチェリーナ二世のロシアにおいては存続した。イエズス会は一八一四年八月七日ピウス七世によって再び公に復活されることになる。

ピウス六世（一七七五～一七九九）の教皇在位は、西欧諸国の絶対主義・啓蒙主義・フランス革命によって起こった諸問題に包まれた深い苦悩の時代であった。教皇は一つの手紙の中で次のように書いている。「神は教会の誕生を十字架と苦しみからつくり、その栄光を屈辱から、その光を誤謬の闇から、その進歩を敵の攻撃からと、望まれた」と。教皇は総裁政府《ディレクトワール》の命令によってローマで捕えられ、町から町へ捕われの身を移され、ついに一七九九年八月二十九日ヴァランスの幽囚の中に終わった。ピウス六世の死と共に教皇職も死んだかに見えた。

ナポレオンとピウス七世

一八〇〇年三月二十一日、ヴェネツィアのイゾラ、サン・ジョルジョのベネディクト会修道院に集まった教皇選挙会は揺るぎない信仰の人、西欧の平和を願う人、一人のベネディクト会修道者を教皇に選出した。彼、ピウス七世（一八〇〇～一八二三）と共に新しい時代が始まった。ナポレオン・ボナパルトは、一八〇一年七月ピウス七世と政教条約《コンコルダート》を締結した。それは一八〇二年四月二十日公表され、フランスにおいてカトリック的・使徒的・ローマ的キリスト教の信仰を復興せしめ、新しい基礎の上に立つ教会と国家との関係を定めた。それは教会史においてばかりでなく、世界史においても特に重要な事件の一つである。

ピウス7世とナポレオンの皇帝戴冠式（ルーヴル美術館）

政教条約において、カトリックはフランス国民大多数の宗教として認められ、公の神礼拝を行う自由が与えられた。新しい司教区が定められ、かつ新しいフランス司教たちが決められた。司教任命権はナポレオンに、教会法による司教叙階権は教皇にある。司教は国家の認可によって小教区の主任司祭を任命する。教会財産は聖職者に給料を支払う国家の所有となった。政教条約によってフランス聖職者は基本的に国家に依存することになった。

しかしナポレオンはこの政教条約による国家特権に満足しなかった。彼は無制限のガリカニズム、すなわちフランス国家教会主義を要求し、独裁的に政教条約に二七の組織的条項を加えた。その条項はあらゆる教皇教書、教皇特使任命、公会議決議、教会会議開催に関して国家の認可を必要とすることであった。その上神学教授たちはガリカニズム宣言の義務を課せられ、教会婚は民法婚後、行われなければならなかった。ピウス七世は組織的条項に反対したが空しかった。一八〇四年教皇はナポレオンの皇帝戴冠の招きに組織的条項改善への希望をもって、パリへ向かった。ナポレオンはピウス七世を臣下の如く迎えた。ナポレオンは、十二月二日皇帝戴冠後、教皇をフランスにとどめようとし、アヴィニョンかパリを教皇座とすることを提案したが、教皇は受諾しなかった。

ナポレオンはイタリアにおいて教会の主の如く行動し、司教任命・修道院解体・教会財産没収を行い、教皇を政治道具にしようとした。さらにナポレオンは、教皇に迫って、枢機卿団の三分の一はフランス人、ガリア教会の自由と組織的条項の承認、独立的フランス総大司教《パトリアルカ》の任命を要求した。教皇は断固としてこれを拒絶したので、ナポレオンはローマを占領させた。一八〇九年五月十七日教皇領とフランスの統合が行われ、ローマは皇帝自由都市と宣言された。このナポレオンの処置に対して、ピウス七世は一八〇九年六月十日教会破門の教書を公表した。それはローマの三つのバジリカに公示された。六月十九日、教皇が福音の精神に反して革命を説教するなら捕えるとナポレオンは反撃した。七月五日夜半教皇は捕えられ、ローマからグルノーブルへ、さらにサヴォナへ連行された。枢機卿たちはパリに定住することを強制された。

ナポレオンは一八一一年六月九日フランス、イタリア、ドイツの司教たちをフランス国家教会会議へ召集した。しかしこの教会会議にはおよそ一〇〇人の司教・大司教・枢機卿だけしか集まらなかった。教会会議の席上、ミュンスター補佐司教カスパル・マクシミリアン・ドローステは、教皇に自由を与えることをナポレオンに陳情すべきであると主張した。この提議は出席者全員の賛同をえたが、ナポレオンは七月十一日教会会議を中断させ、ついに十月解散させた。一八一二年五月ナポレオンは、一八〇一年の政教条約の廃棄を宣言し、病める教皇をフランスのフォンテーヌブローに連行して閉じ込め、一八一三年一月十九日新政教条約を強引に教皇に承認させた。しかしピウス七世がこの協定を取り消し、まもなくナポレオンが凋落したため、この条約は実施されずに終わった。

ピウス七世は五年の幽囚後一八一四年五月二十四日ローマに喜び迎えられた。教皇は西欧征服者の犠牲者となったが、霊的勝利者であった。それ故ピウス七世は十九世紀の一〇年代におけるカトリック教会精神を、再び呼び起こした燃える原動力として、その時代の西欧諸国民、諸支配者の間に輝かしい人格的信頼を博し、教皇権の霊的権能は非カトリック世界においても認められた。

ピウス七世は、フランス革命後の西欧のほとんどすべての国々における教会内部の新しい信仰再建に着手した。ローマ使徒座はスペイン、フランス、バイエルン、ナポリ、ロシア、ポーランド、プロイセンと政教条約を結んだ。ピウス七世は西欧における霊的司牧に最大の願いをこめた。西欧諸国の教会が再び復興した。政教条約の国際的性格を通じて、教皇は、フランス革命後の新しい西欧諸国家から最高の権能者として認められた。この認識は西欧の人々の意識に深く刻み込まれたのである。

十九世紀の教皇たち

復古時代とカトリック運動

一八二三年の教皇在位の後八十一歳でピウス七世がこの世を去った。教皇死去の知らせは、全キリスト教世界を深い悲しみで包んだ。枢機卿団は教皇選挙会で非妥協派《ゼランティ》と政治派《リベラーレス》とに分かれたが、ついにレオ十二世（一八二三〜一八二九）が選出された。新教皇は最初の教書において、宗教無関心主義と誤った寛容主義に挑戦した。だが他方では教会政策をめぐる諸問題について、政治派枢機卿コンサルヴィの構想に従って諸国家の立場を承認し、スペインから分離した南アメリカの諸国家と協定を結び、そこに六つの司教区を設立した。また教皇はドイツ教会に新司教区を設立した。教会内部では伝統神学者たちによる教皇職支持の文筆活動が展開された。ド・メーストル、ラムネー、ラコルデール、モンタランベールらはフランスにカトリック的精神状況を起こすのに大きく貢献し、一切の権能の源泉と教皇職を擁護した。

一八二五年レオ十二世は聖年を祝った。再びローマは全世界の巡礼者の中心となった。教皇は教皇領におけるローマやボロニャ大学の改革を行い、同時に四つの大学を新設し、かつ小学校教育を始めた。さらに教皇はヴァティカン図書館の拡充、聖パウロ・バジリカの再建、サンタ・マリア・マジョーレのモザイクの修復や大理石造りの洗礼聖堂の建設と共に、病院や孤児院を建てて社会福祉運動を推進した。彼の教皇在位中、世界宣教が進展した。特に教皇は東洋における福音宣教、北アメリカと南アメリカの教会発展に献身した。

一八二九年三月三十一日新教皇に選出されたピウス八世(一八二九〜一八三〇)はただ一年八ヶ月間、全教会を指導した。教皇は宗教精神・政治・社会秩序の退廃の主要原因として信仰の無関心と教会の教えに対する攻撃を挙げた。ピウス八世は教皇領における教会生活の刷新に力をつくし、芸術と学問を奨励した。教会政策においては、教皇は心ひろく和解的であったが、教会の教えや倫理においては不動であった。その姿勢は特に混宗結婚問題において現れた。一八三〇年教皇はケルン大司教とトリエル、ミュンスター、パーダーボーンの司教たちに混宗結婚に関する教書を送り、子供のカトリック教育が約束されるなら、混宗結婚は認められると決定した。だが同時に教皇は司教たちに混宗結婚を避けるようにと勧告した。この教皇決定は、プロイセン混宗結婚問題において困難な状況に直面した。

フランスでは七月革命が起こり、シャルル十世が退位させられ、自由主義者として知られるオルレアン家のルイ・フィリップが国王となった。イギリスでは一八二九年カトリック教徒解放法が成立して、カトリック教徒も自由と権利をもって公職につくことができるようになった。アイルランドではカトリック教徒の自由がまだ制限されていた。ピウス八世は短い在位であったが、カトリック世界の心をとらえ、彼に寄せられた希望に答えた教皇であった。

教皇選挙会は五〇日間も続いたが、一八三一年二月三日グレゴリウス十六世（一八三一～一八四六）が選出された。新教皇はカマルドリ会士、枢機卿、信仰宣教聖省長官であった。彼は神学と教会法の豊かな教養を備え、教皇としても権勢欲を超脱した修道者であった。この頃マッツィニは純国民的な青年イタリアの結社を組織して、共和制による祖国の独立と統一を求めていた。ジョベルティは教皇を戴く連邦制によるイタリア国民の独立運動の中心人物であった。かかるイタリアの国民運動にグレゴリウス十六世は心を開かず、全教会の一致に献身した。一八三二年の教皇教書『ミラリ・ヴォス』においてグレゴリウス十六世は全教会の司教たちに向けて全教会の霊的中心、使徒ペトロスの座との一致を呼びかけた。

すでに十九世紀における「信仰と科学」「教会と文化」の総合のため思想的・精神的闘争が起こっていた。教会の伝統と一致した解決の他に、新しい解決が求められ、いわゆる「モデルニズム」が現れた。前者が神の啓示真理に従って近代文化思想を批判したのに対して、後者は人間理性を信仰真理の解釈の基準にした。かかる十九世紀の新しい思想状況に直面しながら、グレゴリウス十六世は敬虔な愛をこめて聖職に奉仕して世を去った。

ピウス九世

グレゴリウス十六世の没後、教皇選挙会は保守的非妥協派と進歩的政治派とに分かれたが、一八四六年六月十六日ジョヴァンニ・マリア・マスタイ・フェレッティが教皇に選出され、彼はピウス七世の追想の中にピウス九世（一八四六〜一八七八）の教皇名をとった。新教皇は「キリストの平和」の心に溢れた、西欧分裂の壁を破って統一を再建する希望の人と思われた。イタリア民衆は国民統一の偉大な指導者と期待した。

ピウス九世は毎木曜日教皇謁見を行った。彼はイタリアの国民的希望に寛大な理解を示す言葉を語りかけたから、イタリア民衆の感激は全土に燃えひろがった。この感激は教皇にとって不幸となった。一八四八年四月二十九日ピウス九世は「すべてのキリスト教徒の父である」ことを明らかに宣言した。ここにキリストの教皇職の愛と使命がある。イタリア民衆のムードは急激に変化し、教皇は祖国の裏切り者だと非難した。ピウス九世は十九世紀の試練を体験した。イタリアでは国民統一運動が反教会的になった。オーストリアでは政教条約の廃棄が通告された。ドイツでは文化闘争がたけなわであった。フランスでは反聖職者主義《アンティクレリカリズム》が起こっていた。

信仰と科学の調和を破壊する近代思想の運動に対して、ピウス九世はこの調和を新たにしていく神学を求めてスコラ学、特にトマスの復活のために積極的に努力した。新スコラ学とトマス主義がカトリック神学の中で支配的になるのはレオ十三世とピウス十世の治下のことであるが、第一ヴァティカン公会議における信仰真理の基礎に関する重要な教令はことごとくトマス神学に従って作成された。一八四九年二月ピウス九世は教皇教書を全世界の司教たちに送って「聖母マリアの無原罪の御宿り」の信仰決定化を尋ねた。大多数の司教たちは賛成したが、四人だけが異議を表明し、三六人が信仰決定の尚早論を述べた。

ピウス9世

一八五四年十一月教皇は全世界の二〇〇人の司教たちをローマに招き、十二月八日「聖母マリアの無原罪の御宿り」の秘義をカトリック信仰真理として宣言した。この信仰決定の宣言は、二〇〇人の司教たちの前で行われ、全カトリック世界から喜びをもって迎えられたが、公会議を開かずに教皇だけで行われたため新しい重大な意義をもつことになった。これは明らかに教皇の不謬権を前提としているからである。

一八六四年十二月八日出された教皇教書『クアンタ・クーラ』とそれに添えられた『誤謬表《シラブスエロールム》』、すなわち「汎神論」「自然主義」「合理主義」「宗教無関主義」「社会主義」「共産主義」「秘密結社」「非キリスト教的結婚や倫理」などにおける近代人の思想的誤謬の列挙は、カトリック信仰真理を守るための教皇職の教導権からの反撃である。この教書は同時代のさまざまな誤謬説を批判する八〇の表明からなっていた。これは近代文化への反時代的挑戦として受けとめられ、激しい反論をまき起こした。

第一ヴァティカン公会議

『誤謬表』が発表された直後、ピウス九世は枢機卿団に公会議開催の意向をひそかに告げた。一八六七年六月、五〇〇人以上の司教たちが聖ペトロス殉教一八〇〇年記念式典のためローマに集まったさいに、教皇は公会議開催の決定を発表し、翌年六月二十九日には開会教書が出された。一八六九年十二月八日ピウス九世は、聖ペトロ大聖堂で第一ヴァティカン公会議を開催した。投票権をもつ一〇八四名の全世界の司教たちのうち七七四名が参加した。まさしく全教会の代表であった。

公会議のクライマックスは教皇の不謬権の教義に関する討議であった。それは一八七〇年一月末三八〇名の公会議教父たちの署名歎願書によって公会議の議案として提出されたもので、三月六日ピウス九世はこの教義文の議案を公会議に提出した。公会議は二派に分かれた。七月十三日の公会議総会における最初の投票の結果は、賛成四五一、反対八八、条件付賛成六二であった。反対少数派のうち五七名は教会愛から身をひき、教皇の許可をえて公会議を欠席してローマを去った。七月十八日教皇の前で最終投票が行われ、教皇の不謬権の信仰教義は賛成五三二、反対二で決定された。しかしこの二名も公会議決定に直ちに従った。

ピウス九世は「永遠なる牧者《パストール・エテルヌス》」の言葉をもって始まる公会議決定文を読みあげた。「ローマ教皇が使徒座《エクス・カテドラ》から語る時、すなわち教皇が使徒伝承の最高の権能によって持つ全キリスト教徒の牧者かつ教師としての職を務め、信仰または道徳についての教えを全教会によって守られるべきものと決定する時、ペトロスにおいて彼に約束された神の助けによって、彼にはその不謬権が授けられるのである。救世主なる神はその不謬権をもって、その教会が信仰または道徳に関する教えを決定する権能をもつことを望まれた。かくてローマ教皇の信仰または道徳に関する決定はそれ自体不変であって、全教会の同意によるのではない」と。ピウス九世の教皇職は十九世紀の潮流に逆ったかのように思われた。かかる消極的姿勢は近代世界において教会の孤立へと導いた。カトリック世界の指導者たちは新しい教皇の出現を待った。だがピウス九世はカトリック民衆に慕われながら一八七八年二月七日この世を去った。

レオ十三世

ピオ九世を継いで新教皇レオ十三世（一八七八〜一九〇三）が一八七八年二月二十日選

出された。四月二十一日の最初の教皇教書『インスクルタビリ』は彼の即位を告げ、教会と文化の和解を願った。新教皇は近代世界を襲った諸問題がキリスト教精神によってのみ解決されうると宣言した。彼は教会と近代世界の間に生ずる恐れのある分裂を克服するために、信仰と知性のすべてを献げた。

彼は第一ヴァティカン公会議の刷新活動を継続することに努め、「結婚と家庭」「社会と国家」に関する四六の教皇教書をもってカトリック世界にキリスト教精神を呼びかけた。特に社会主義の全体主義的体制に対してキリスト教的社会論を提示し、労働者問題を説いた。

一八七九年八月の教皇教書『エテルニ・パトリス』は、哲学・神学の模範としてトマスをたたえ、一八九三年十一月の『プロヴィデンティッシムス・デウス』において聖書研究の意義を強調した。一九〇二年には教皇による聖書委員会が組織された。一八九一年五月の『レルム・ノヴァルム』では教皇は特に労働者の状態について論じ、所有者と労働者との間の対立を和らげることを教会の使命とした。両者は必要な関係をもち、依存している。労働提供者は労働者の人間尊厳を愛し、労働時間を限定すべきである。教皇は労働者に忠実にその義務を実現し、いかなる暴力行動にも出ないことを求めた。レオ十三世は世界のすべての状況を配慮し、各問題ごとに個人的関心、社会的関心、同時に「キリストの新しい愛」において確固たる解決を教皇の呼びかけとして与えた。

レオ十三世は教会から分離した信仰の兄弟たちの再一致を願った。一八七九年アルメニア人がローマ使徒座と一致した。教皇は一八八三年ローマに司祭養成のためのアルメニア学院を建てた。一八九四年教皇は東方典礼の維持の重要な意義を告げた。種々の典礼が存在することは、全教会の気高い美を現し、かつカトリック信仰の神的一致を保証するものであると。さらに彼は一八九六年六月の教皇教書『サテス・コグニトゥム』をもって、キリストがその弟子たちに願った「教会一致」を呼びかけ、大改宗運動のひろがりを希望した。

レオ十三世は学問研究を奨励し、一八八一年には歴史家たちにヴァティカン文書館を公開している。彼はドミニコ会にトマス著作の出版を委ね、ヴァティカン図書館長に著名な学者たち、フランツ・エールレやハインリヒ・デニフレを任命した。教皇は文化を豊かにすることを教会の大きな課題としたのである。他方では彼は世界宣教活動に献身した。一八八九年宗教の自由が保証された日本においても一八九一年東京大司教区と長崎・大阪・函館の補佐司教区が設立された。特に教皇は北アメリカのカトリック信仰の拡大のために使徒座の祝福と協力を送った。レオ十三世は教会と近代世界との和解を求めた偉大な近代的教皇であった。彼は一九〇三年七月二十日九十三歳で静かにこの世を去った。

7 現代の教皇たち

ヨハネス23世

地上に平和を

ピウス十世

ヴェネツィア総大司教《パトリアルカ》が一九〇三年八月四日教皇に選出された。新教皇ピウス十世（一九〇三〜一九一四）は、教皇職にふさわしくない自己をかえりみてその位を求めなかった。だが彼はキリストへの信仰と従順において教皇になった。彼はこの聖職を受けることによって神の民の全責任を担わなければならないキリストの代理者の重荷が、彼の全生命にかかってくるのを恐ろしく思った。彼は一九〇三年十月四日の即位教書において「すべてをキリストにおいて新たにする」ことを願った。彼は神のしもべである以外に何者にもなろうとはしない教皇であった。ピウス十世の教皇職は教会の使命である奉仕の精神を新たにし、いたるところにキリスト教信仰の純粋さを生き返らせることに献げられた。一九〇五年四月の教皇教書『アチェルボ・ニミス』は、司教、司祭、信徒への呼びかけである。教会は迫害の時代よりも安楽の時代の無気力に悩まされていた。教皇はすぐれた聖職者の養成に専念した。教皇教書『ヘレンティ・アニモ』と『コンムニウム・レルム』は、全世界のカトリック教徒の信仰生活に奉仕するように、司教と司祭を激励している。

二十世紀初葉の忍び寄る世界不安の中で、ピウス十世は「聖体の秘跡」によって生きることを新たに飛躍させた教皇である。彼はすでに一九〇五年『聖体拝領』の教令を全世界に送り、さらに一九一〇年聖体の秘跡に七歳の子供たちを呼びよせた教皇である。ピウス十世は全世界のカトリック教徒に何よりも神からのパン、「キリスト」によって生きることを教えた。さらに彼は信仰生活が豊かになることを願って多くの改革を行った。「聖務日課」「教会法」「教皇選挙会」「教皇庁」などの改革がそれである。また典礼運動を促進し、教会音楽の刷新もピウス十世の業績である。

一九一四年八月二日の全世界のカトリック教徒に宛てた手紙において「西欧の平和をあがなうことができるなら、私の生命を犠牲としてささげたい」と、ピウス十世は書いている。第一次世界大戦勃発後まもなく「平和」だけを祝福しながら一九一四年八月十九日夜半、ピウス十世は神にその生命を返した。

ベネディクトゥス十五世

ピウス十世の後を継いだベネディクトゥス十五世（一九一四〜一九二二）の教皇職は、第一次世界大戦の闇に包まれた。八月一日一つの時代は終わり、その翌日他の時代が始まる。それによって西欧は愛と憎の分裂が深まった。

フランシス・フェルデナンド大公を暗殺したサライェヴォの二人の学生は、戦乱の中へ世界を投げ込んでしまった。この戦争をベネディクトゥス十五世は「西欧の自殺」と悲しんだ。彼はすべての国民に愛と平和と和解の理想を心に抱くように強く呼びかけたが、彼の声は戦争の大騒動の中に消え入るだけであった。一九一五年イタリアが参戦し、教皇の立場は苦しくなった。彼は大戦のさなかにあって厳正な中立を守って両陣営の和解のために働いた。だが両陣営はその敵に対する教皇の中立的愛の奉仕について彼を疑った。フランス人とイギリス人はオーストリアに彼が好意をよせていると見ていた。イタリア人は彼を祖国を裏切る者と非難した。ドイツ人は彼を許せない敵と見なしていた。教皇職はすべてから攻撃を受けていたが、彼はひたすらこの戦争を終わらせることを願って努力していたのである。

ベネディクトゥス十五世は分裂の西欧を見つめ、そこで血を流し、破壊し合う諸列強国を見ていた。この戦争の暗雲の中で、教皇は西欧を二つに分けた憎悪の壁をたおし、キリストの平和において全西欧を一つにするために彼のすべてを献げた。教皇は西欧を戦争の没落から救うために、決定的な力をもつ行動をなしえなかったとしても、四年にわたる戦争の間、あらゆる犠牲者の運命を和らげるために努力をやめなかった。一九二二年一月二十二日ベネディクトゥス十五世は最後の言葉を残して没した。「我々はその生命を世界の平和のために喜んで犠牲にしよう」と。彼は正義・平和・愛の教皇としてたたえられている。

ピウス十一世

新教皇はピウス十一世（一九二二～一九三九）の名をとった。彼は聖ペトロ大聖堂の外のバルコニーから全世界の神の民に祝福を与えた最初の教皇であった。彼は同年十二月の教皇教書『ウビ・アルカノ』をもって「キリストの平和」がすべてのキリストの国々を支配することを切に願い、現代世界における教会の発展のために「カトリック・アクション」をほとんどすべての国々に創設した。それは「キリストの精神において全社会を新たにする」教皇の最大の希望であった。

キリスト教世界宣教において大飛躍をとげしめたのもこの教皇であった。カトリック精神の世界飛躍を担って全世界に設置された教会の教区数はほとんど二倍になった。ピウス十一世はすべての非キリスト教的イデオロギーと対決した。ヒトラーの国家社会主義と無神論的共産主義に対して激しく抵抗したのは、この教皇であった。また教会と国家の関係を正しく保つために、西欧諸国と一連の政教条約《コンコルダート》を締結したのもこの教皇であった。最後に、また特にピウス十一世はローマ問題を解決した教皇であった。一九二九年二月十一日ラテラノ宮殿で協定が結ばれ、「ヴァティカン市国」が創設され、イタリアと教皇庁間に政教条約が成立した。一八七〇年九月二十日ピウス九世は教皇とその主権に属する一切の世俗権を失ったが、その五九年後ピウス十一世は新しい基礎の上に教皇職を固めたのである。

ピウス十一世は「王たるキリストの祝日」を定め、すべての国民がキリストの平和へ集まることを願った。人類をイエススの聖心《みこころ》に奉献したのもこの教皇であった。彼はキリスト教的婚姻については一九三〇年十二月の教書『カスティ・コンヌビ』において説き、現代的社会問題については、レオ十三世の『レルム・ノヴァルム』の四〇年を記念した一九三一年の教書『クワドラジェシモ・アンノ』において「共同善、労働者の社会正義と人間尊厳」を強調した。また彼はキリスト教的教育や司祭職について全世界に教書を送り、全教会の信仰刷新に努め、五〇〇人の列福と三二人の列聖をもって宗教生活の深まりを願った。ピウス十一世の教皇職はさまざまな国における教会迫害、革命、戦争に苦しみ、世界平和への心配で満たされていた。第二次世界大戦勃発の数ヶ月前、一九三九年二月十日憂慮深き教皇は没した。

ピウス十二世

一九三九年九月一日ナチス・ドイツ軍はポーランドに進撃し、イギリス・フランスはドイツに宣戦して第二次世界大戦が始まった。この年の三月二日三回目の投票で純粋ローマ人エウジェニオ・パッチェッリが教皇に選出された。新教皇ピウス十二世（一九三九～一九五八）は即位の演説において「平和は正義の業」と全教会に呼びかけた。彼の教皇職一九年七ヶ月は世界における「平和の救い」のために献げられている。大戦中、教皇庁は厳正な中立を守りぬかなければならなかった。ヒトラー政権のユダヤ人迫害に対して、ピウス十二世は五〇〇〇人以上のユダヤ人をローマの教会や修道院に保護し、彼の力の可能なかぎり、世界大戦の恐ろしさを和らげようと努力した。

ピウス十二世は大戦中と大戦後の諸問題についてばかりでなく、宗教的問題について「キリストの平和」による世界の救済を希望し続けた教皇であった。一九三九年十月の教書『スムミ・ポンティフィカトゥス』において自然道徳法の新しいめざめ、国家権の神からの離反、人界の自然権からの離反を全世界に説いたのもピウス十二世である。また教皇は一九四三年六月『ミュスティチ・コルポリス』において「教会はキリストの神秘体」であること、一つの頭と一つの体からなる愛の神秘の一致であることを全キリスト教世界に慈父の心をもってさとした。そのために全世界のどこにおいても、キリストの神秘体は民族や国家を超えて「聖体祭儀」を祝い、「キリストの祭壇」をかこみ、信仰・希望・愛の一致に生きるようにと、一九四七年『メディアトール・デイ』は呼びかけた。

ピウス12世（1939～1958）

一九五〇年八月の教皇教書『フマニ・ジェネリス』は大戦後の精神の不安の中でカトリック信仰真理を揺るぎない力をもって宣言し、さらに十一月一日諸聖人の祝日には「聖母マリアの被昇天」の秘義が信仰決定された。神の母マリアの如く、全人類はキリストの復活栄光への信仰による希望に生きるのである。この希望を心に抱いて「イエススの聖心」の愛を汲むようにと、一九五六年五月『ハウリアス・アクワス』をもって現代キリスト教徒の心を信仰へ開いたのは、ピウス十二世であった。その彼は一九五八年十月九日八十二歳で没した。

ヨハネス二十三世

教皇選挙会が十月二十六日開催され、一二回の投票で、イタリアの一農夫の子、すでに七十七歳のヴェネツィア総大司教《パトリアルカ》アンジェロ・ジュゼッペ・ロンカッリが選出された。偉大なピウス十二世の後を継いだ新教皇は世界に知られていなかった。彼はヨハネス二十三世（一九五八～一九六三）と称した。彼の教皇職は「キリストの善き牧者」の精神につらぬかれていた。一九五九年一月二十七日、ヨハネス二十三世は公会議開催の希望を表明し、六月二十九日教書『アド・ペトリ・カテドラム』において公会議開催の正式発表を行った。その目的は「カトリック信仰の発展」「キリスト教生活の刷新」「現代世界の要求への教会の順応」であった。

第二ヴァティカン公会議(一九六二〜一九六五)の幕が十月十一日開かれた。ヨハネス二十三世は「教会は諸民族に出会わなければならない、そしてそれぞれの文化を理解し尊重しなければならない。世界教会は西欧だけではなく、世界的・普遍的である。教会に存続するキリストの受肉神秘は西欧諸国民に限られているのではなく、地球上のすべての国民に与えられている」と宣言した。公会議第一会期は十二月八日まで続き、二五〇〇以上の公会議教父たちが全世界からローマへ集まった。教会史上はじめて一八の非カトリックキリスト教教会の公式オブザーバーも参加した。第二ヴァティカン公会議は、現代世界に閉じた教会ではなく、一つの地球人類、「神の民」へ開いたキリストの教会であることを宣言した。それがヨハネス二十三世の希望であった。

彼の最後の教皇教書、一九六三年四月十一日の『パーチェム・イン・テッリス』はすべての国民の中に真理・正義・愛・自由における平和の希望と共存を求めた。世界史の中で最も新しいイメージをもつ教皇治政の一つがその幕を閉じた。ヨハネス二十三世は一九六三年六月三日夕世を去った。彼は教会を現代世界の生活と精神に正面から出合わせ、「地上に平和」をもたらしたいと願っていた教皇である。

パウルス六世

新教皇としてミラノ大司教ジョヴァンニ・バッティスタ・モンティニが一九六三年六月

二十一日選出された。彼はパウルス六世（一九六三～一九七八）の教皇名をとった。パウルス六世はヨハネス二十三世の死で中断された公会議を続行して同年九月二十九日第二会期を開催、特に「教会の自己理解の深化」「教会内の刷新」「全キリスト教徒一致の促進」「現代世界との対話」を目的とした。さらに第三会期が一九六四年九月十四日から十一月二十一日まで、第四会期が一九六五年九月十四日から十二月七日まで開催され、第二ヴァティカン公会議は現代世界と共に地球上を旅する教会の新しい希望の進路を決定した。

地上のキリストの如く、パウルス六世はヴァティカンの捕われ人から世界への福音の旅人であることを願った。一九六四年には、エルサレム巡礼とイスタンブール・ビザンティン教会のエキュメニカル総大司教《パトリアルカ》アテナゴラスとの歴史的会見、かくて一〇五四年の東西両教会の大分裂は一九六七年十二月七日相互破門の撤回によって終わることができた。一九六四年にはインドのボンベイ聖体大会へ、一九六五年には国連総会訪問へ、一九六七年ファティマへ、一九六八年にはコロンビア聖体大会へ、一九六九年にはジュネーブとアフリカへとパウルス六世は旅立った。教皇は一九七五年を「聖年」と宣言し、愛による「和解と刷新」を全世界に求めた。一九七八年八月六日パウルス六世は世を去った。

ヨハネス・パウルス一世

ヨハネス二十三世とパウルス六世の教皇職の遺産を継いで、新教皇が八月二十六日選出された。ヴェネツィア総大司教《パトリアルカ》アルビノ・ルチアーニ、彼の教皇名はヨハネス・パウルス一世（一九七八）であった。彼は比較的無名であった。最初の謁見で、彼は語った。「私はヨハネス・パウルスという名を選んだ。私には、ヨハネス二十三世のような真の知恵も、パウルス六世のような知的教養もない。それでも私は二人の後を継いで今ここに立っている。私は心をこめて教会に奉仕したい」と。ヨハネス・パウルス一世は、九月二十八日世を去った。彼の教皇在位は三三日間だけであった。

ヨハネス・パウルス二世

システィナ聖堂の中で枢機卿教皇選挙会の投票結果が判明するや、枢機卿団の最長老が被選教皇に向かって「あなたを教皇に指名する選挙を、あなたは受諾しますか」と問う。受諾をもって答える。それによって新教皇は誕生する。一一一人の枢機卿たちが教皇選挙会の聖堂に閉ざされてから二日後、一九七八年十月十六日、聖ペトロ大聖堂の広場の夕暮れの空に白い煙があがった。「ハベムス・パパム」（我々は教皇をもっています）。伝統の言葉に従って、枢機卿団最長老のペリクレ・フェリチ枢機卿は聖ペトロ大聖堂のバルコニーからローマ民衆に告げた。「私はあなたがたに大きな喜びを知らせます。ローマ教会の枢機卿カロルスが教皇に選出され、彼はその名をヨハネス・パウルス二世と称します」と。ローマ民衆は、新教皇が誰か、どんな人か、わからなかった。

ヨハネス・パウルス2世とローマ市民
（聖ペトロ大聖堂のバルコニー）

新教皇はバルコニーに姿を現した。彼は、「イエス・キリストに賛美あれ」と、最初の教皇祝福を全世界に与えた。ヨハネス・パウルス二世は語りかけた。「私はキリストへの従順において、聖母マリアへの信頼の中に、教皇職を受けました。私はローマから遥かな国、東欧から、しかも共産圏から、だが信仰とキリスト教伝統における共同体によって近い国から来ました……」と。ヨハネス・パウルス二世はポーランドの小さな町ワドビッチに一九二〇年生まれた。彼、ウォイティワは一九四六年司祭叙階、一九五八年司教叙階、一九六三年クラコフ大司教任命、一九六七年枢機卿位を受けた。

彼が教皇に選出されるとは、世界の誰もがおそらく思っていなかった。一五二二年以来、非イタリア人が教皇に選出されることはなかった。だが現代のカトリック世界はこの新しいイメージの教皇、ヨハネス・パウルス二世を必要としている。「物が満ちるに及んで、救いの業が完成され、天にあるものも地にあるものも、あらゆるものが、頭であるキリストのもとに一つにまとめられるために」（エフェソスⅠの一〇）。

参考文献

F. X. Seppelt-G. Schwaiger, Geschichte der päpste. Von den Anfängen bis zur Gegenwart. München 1964.

F. X. Seppelt-G. Schwaiger, Geschichte der Päpste, 5Bde. München ^{2}1954-59.

A. Franzen-R. Bäumer, Papstgeschichte. Freiburg 1974.

L. v. Pastor, Geschichte der Päpste, 16 Bde. Freiburg, Nachdruck 1955.

E. Caspar, Geschichte des Papsttums, 3 Bde. Darmstadt 1930-1956.

J. Haller, Das Papsttum, Idee und Wirklichkeit, 5 Bde. Darmstadt, Neudruck 1962.

Lexikon für Theologie und Kirche, 1-8. Freiburg 1957-1965.

W・ドルメッソン著・橋口倫介訳『教皇』ドン・ボスコ社、一九五九年。

K・V・アーレティン著・沢田昭夫訳『カトリシズム――教皇と近代世界』平凡社、一九七三年。

文庫解説　二十一世紀の宗教を見とおすためのよすが

藤崎　衛

非キリスト教圏といってよい日本の多くの読者にとって、ローマ教皇は地理的にも精神的にも遠い存在かもしれない。しかし、鈴木宣明の『ローマ教皇史』を一読すれば、それは急激に身近な、血肉の通ったものとして感じられ、およそ二千年にわたる歴史の流れを思い描くことができるようになるだろう。いわば教皇を通じて、時間と空間をこえた旅をすることが可能となるのである。その旅は、教皇を「かしら」とするローマ・カトリックが広く根付いた地域、すなわち西ヨーロッパを主たる舞台として展開する。とくに中世以来、カトリックは特色ある政治的理念を発達させ、倫理観や道徳観、死生観における重要な概念を形成し、独自の学問や文化が開花する原動力となってきた。したがって教皇史を概観することは、日本の読者にとってヨーロッパを理解する鍵のひとつになり得る。

本書は、一九八〇年に教育社から「歴史新書」シリーズの一冊として出版されたものであり、平易でコンパクトな内容が愛されたとみえ、その後も版を重ねた。しかしこの本の価値は、単に簡便で読みやすいという一点にはとどまらない。以下ではまず、いくつかの点からその魅力と意義をさぐっていこう。そのうえで、出版から四十年ちかくを経たいま、その後の教皇史を補ってみたいと思う。

『ローマ教皇史』で扱われる対象は、初代教皇とされるペテロ（ペトロス）のローマ宣教から、ヨハネ・パウロ二世（ヨハネス・パウルス二世）の登位までである。すなわち世紀半ばに始まり二十世紀後半に至る長大な時間の流れの中で、個々の教皇がいかに歴史的転換点に向き合い、いかなる事績を残してきたかを明らかにした列伝、年代記ともいえるだろう。まさに本書は、その表題が示すように、「教皇たちの歴史」を描いたものに他ならない（本書で教皇の在位期間が短い前近代に紙幅が多く割かれ、在位期間が長くなった近現代の占める分量が少ないことは、著者があくまでも個々の教皇に着目しているからである）。そしてその内容は、教皇たちのエピソードをただおもしろおかしく著述したものでもないし、人名や歴史的事件を羅列しただけの年表ともむろん一線を画している。

たとえば四世紀初頭、ローマ皇帝コンスタンティヌスがキリスト教の公認を行ったことは、知名度の高い出来事である。著者はこの時期のローマ司教――「教皇」という呼び名はまだなかった――とローマ教会が信仰の自由を得たことを闊達に述べる一方で、この公認を契機に国家権力の教会への介入が行われるようになったという重い事実をはっきりと示している。これによって読者は、公認当時の教皇が置かれていた政治的状況を理解するにとどまらず、中世以降もさまざまな形で顕在化し、社会を大きく揺るがした「国家と教会」をめぐる問題の端緒を知ることになる。このような問題の棒組みを念頭に置いて読み進めれば、八〇〇年に行われたカール大帝の戴冠や、一一二二年におけるヴォルムス協約の歴史的意義、そして近世以降顕著となる国家教会主義との相克といった事柄も、より重層的に把握することができるだろう。

この他にも、コンスタンティノープル教会との確執を引き起こした教皇首位権の問題や、古代末期からしばしば教会制度に対する脅威となってきた異端の出現など、多くの教皇が直面してきた諸問題がとりあげられている。これらの歴史的背景や経緯を多角的に解き明かしていくことによって、著者は「教皇とは何者なのか」「その権威の源泉はどこに存するのか」「いかにその権威は普遍化していったか」という重要かつ観念的な問いにも意欲的に答えようとしている。この点が、本書のもつ重要な意義である。

著者の鈴木は上智大学文学部史学科の教授であったが、経歴はやや特殊である。彼は同大学の文学部史学科を卒業した後に哲学と神学の道を志し、大学院では哲学研究科と神学研究科を修了している。このような経歴をふまえると、イエズス会の司祭でもあった鈴木の叙述がカトリックへの思い入れにあまり傾いていないのは――すくなくとも同じ著者の『図説ローマ教皇』（河出書房新社、二〇〇一年）と比べて――、歴史学という、複雑で混沌と偶発性にみちた過去の現実に向き合う学問分野との間でバランスを保っていたためだろうと思えてくる。こうして、本書は日本人の学者によって書かれた初めてのローマ教皇に関する通史的著作であるが、入門的教養書としての姿勢を貫きつつも、歴史学分野において学術性に富んだものともなっている。

むろん、前述したように、本書はあくまで「教皇たちの」歴史をテーマとしており、ローマ・カトリック教会全体の動向や教皇権そのものの在り方を体系的に分析したものではない。そのため話題は教皇個人にフォーカスされがちで、たとえば各地の教会や修道会と教皇がいかなる関係にあったか、教皇庁がいかに実際的制度を整備し教皇を補佐しつづけてきたか、といった問題について積極的に論じられることはあまりない。さらに教皇個人の個性、とりわけ霊的な側面についてはさまざまに言及されているが、古代末期以来、教会内のみならず国際的にも少なからぬ影響を与えつづけたその政治的側面に関しては、なお検討し、補足すべき部分があることもまた事実だろう。しかし、まず本書を手にして教皇史の基本的な枠組みをひと通りたどっておくことは、教会史全体を見渡すうえで強力な支えとなるはずである。

とはいえ、上梓以来ほぼ四十年の月日が経過しており、その間、教皇もヨハネ・パウロ二世（ヨハネス・パウルス二世、在位一九七八〜二〇〇五）からベネディクト十六世（ベネディクトゥス十六世、在位二〇〇五〜二〇一三）へ、そして現教皇フランシスコ（フランシスクス、在位二〇一三〜）へと代替わりした。また、世界情勢も当時では考えられなかったほど様変わりしている。本書の内容に倣い、彼らの足跡を簡潔にたどってみよう。

ヨハネ・パウロ二世

ポーランド人カルロ・ヴォイティワがヨハネ・パウロ二世として登位した一九七八年は、東西冷戦の真只中であり、まず教皇の出身国そのものが共産圏の一角を占める有数のカトリック教国であった。

このような背景からヨハネ・パウロ二世にとっての第一の課題は、外交に長けた国務長官や東欧諸国のカトリック勢力と協働しつつ、第二バチカン公会議(一九六二〜一九六五)においてパオロ六世が提唱した「共産主義の諸運動と対話する政策」を実行することであった。彼は一九八一年に暗殺未遂という衝撃的な事件に遭遇しつつも、東側との対話を求めて強靭かつ精力的に活動した。たとえば祖国ポーランドには一九七九年を皮切りに二〇〇二年までに九度の訪問を行い、人権抑圧や戒厳令の実行といった種々の政策を批判するとともに「連帯」の活動を支援し、一九八九年の一党独裁体制の崩壊にも影響を与えた。ヨハネ・パウロ二世の活発な外交活動はこれだけにとどまらない。「空飛ぶ教皇」という異名をもつように、外交関係の回復や紛争への介入、人権抑圧からの解放など、さまざまな目的をもって訪問した国々は百以上を数え、一九八一年には教皇として初めて日本を訪れた。第二次世界大戦で祖国が焦土と化した経験から、ヨハネ・パウロ二世は徹底した反戦・平和主義者であり、広島・長崎を訪れて核兵器廃絶を強く訴えている。

さらに、教皇は他宗教との交流にも積極的であり、プロテスタントや東方正教会との教派を超えた対話を行い、大聖年となる二〇〇〇年には中東巡礼を実施してユダヤ教への強い配慮を示した。そこではキリスト教徒が反ユダヤ的活動であるホロコーストに関わったことを謝罪し、また十字軍や異端審問を過去の過ちであると認める発言をした。これは明らかに歴史的な出来事であり、登位当初から「人権の擁護」を掲げてきた教皇の一貫した姿勢を示すものでもあろう。またイスラーム教との宥和を求めてダマスカスを訪れ、互いの反目を赦し合うようにも促した。こうした働きかけによって中東のキリスト教徒の安全が保障され、長期的にみれば真の平和が訪れるという意図もあったと考えられる。

しかし、こうした外交活動がすべて実を結んだわけではない。たとえば教皇が主張したエルサレムの国際管理は現実の壁に阻まれていまなお実現しておらず、また二〇〇一年にアメリカ同時多発テロが起きた際には、国連との連携の下にアメリカ・イラク戦争を回避するよう努力したものの、実際はそれとはまったく逆の結果となった。しかしいずれにせよ、ヨハネ・パウロ二世の二十七年に及ぶ在位期間を特徴づける旺盛な外交活動は、「平和の使者」としての教皇像を人々に強く印象付けた。

その他にもガリレオ・ガリレイの裁判を誤りと認め、枢機卿団に多数のアジア人や黒人を迎え入れてグローバル化を進めたのもこの教皇である。このような事績から、彼はリベラルだとみなされることも多かったが、教会内部における教義・教理の問題となると、それほどことは単純ではない。特に女性聖職者の叙階や人工妊娠中絶、安楽死については幾度も回勅を発して否定的な見解を示すなど、伝統的な姿勢を固持している。こうした傾向は、二〇〇五年、ドイツ人ヨーゼフ・ラッツィンガーがベネディクト十六世として教皇に就任すると、より強化された形で継続することとなる。

ベネディクト十六世

ベネディクト十六世は教皇就任以前、枢機卿として長らく教理省長官のポストについていた。かつては異端審問を担当した部署であるが、現在では教会を誤謬から守り、カトリックとして正しい教義と道徳の保持を推進することを目的としたものとなっている。長官当時は、「甲冑枢機卿」や「大審問官」、また「神の番犬」などのあだ名があったという。強面で厳格なイメージそのままの呼称は、彼の思想を体現していたといえよう。この教皇は伝統的教義や典礼を堅持・尊重し、カトリック的なアイデンティティを明確に維持することに力を尽くした。

たとえば他宗教との対話に一定の価値を認めつつも、カトリックの信仰に変容をきたすような歩み寄りになってはいけないとベネディクトは警戒する。したがって安易な接触は避けるべきだというのが彼の主張であり、実際、教皇在位中においても、プロテスタントには「自分で勝手に作った宗教など無価値だ」と述べるなど非常に冷淡であり、ユダヤ教に対しては、慎重かつ格別な配慮をしつつもカトリックに内在する反ユダヤ主義を敢えて訂正しようとはしなかったため、二〇〇六年にはドイツ連邦首相メルケルをも巻き込んだ政治問題へと発展した。

またこのような思想は、性の問題に対する警告に如実に表れている。彼は第一に、急進的なフェミニズムを「男女両性の画一化をもたらす」イデオロギーとして強く否定した。つまり男性、女性の区別があることは神が創造した自然の理であり、いうまでもなく教会はその理を尊重しなければならない、そして両性ともに等しく崇高な存在でありその意味で平等ではあるが、それぞれに備わっている神からの召命（女性であれば母性と処女性）に従うべきである、と主張した。したがってフェミニズム以外にも、同性愛や同性婚、生殖医療、避妊、婚前交渉、自慰行為、性同一性障害、性転換手術、人工妊娠中絶、女性聖職者の叙任なども「神がもたらす自然」に反したものとして排斥した。

しかしこうした思想は、近年の文化的多元主義やグローバリゼーションとは対極に位置するものであり、その意味で、時流にはそぐわない。とりわけ性をめぐる問題は、個人の尊厳にかかわるものとしてさまざまな国で看過できない社会問題となり、政府のなかにはこれらを合法化するものも現れた。加えて、二〇〇六年頃から二〇一三年に教皇が生前退位を発表するまでの間には、南北アメリカやヨーロッパなど複数地域における聖職者による子どもへの性的虐待事件や、バチカン銀行のマネーロンダリング疑惑、教皇庁における機密文書の漏洩や聖職者による子どもへの性的虐待事件など、大きなスキャンダルが立て続けに露呈した。

教皇選出時すでに七十八歳となっていたベネディクト十六世は、このような急速な世界の変化や醜聞への批判に対し、的確に対応しながらの職務遂行を困難と断じたのかもしれない。事実、二〇一三年二月初旬に行われた枢機卿会議において、教皇は高齢による健康悪化や気力・体力の衰えを理由に、ケレスティヌス五世（チェレスティヌス五世、在位一二九四）以来、約七百年ぶりとなる自発的な退位を宣言し、公的な職務から引退して「名誉教皇」に就任した。二〇一九年現在は、バチカン市国内の修道院において、祈りと執筆の日々を過ごしている。

フランシスコ

そして、前教皇退位の翌月実施されたコンクラーベ（教皇選挙会）では、アルゼンチン人ホルヘ・マリオ・ベルゴリオが選出され、南米出身、そしてイエズス会に属する初の教皇としてフランシスコを名乗ることとなった。彼はイタリア系移民の子で中産労働階級の出身であり、自らちなんだアッシジのフランチェスコのように質素で禁欲的な生活を旨としていた。母国においては貧困問題や女性・児童に対する虐待、児童労働などが蔓延し、生命がいとも軽く扱われている社会と対峙しながら、常に弱者の立場から問題の解決に取り組んできた人物である。何事にも謹厳だった前教皇とは好対照に、気さくで陽気な風貌を、形式にこだわらない質素な装いに包み、教皇選出直後から精力的に種々の課題に取り組んだ。

まずバチカン銀行のマネーロンダリング問題である。彼は調査委員会を設けて銀行内部の調査にあたらせ、不正行為の抑止をめざして厳正に対処した。さらに中東諸国や他のキリスト教派との対話を再開し、近世以来、アジアと関係の深いイエズス会士という立場を活かしつつ、時に助言を与え、時に政治的駆け引きもいとわずに、韓国や中国とも関係を深めていることは特筆に値する。また原理主義的テロリズムには断固とした態度をとり、中東やアフリカからヨーロッパへ殺到する難民の問題に関しては、弱者救済の立場にたってその人道的処遇を求めている。こうした活動がどのような実を結ぶのかという点については、今後の推移を見守らなければならないが、教皇庁内外にあるさまざまな問題を素早く解決していこうという姿勢は期待がもてるものだろう。また、フランシスコはすでに二〇一一年にベネディクト十六世によって列福されていたヨハネ・パウロ二世を二〇一四年に列聖した。世界中が祝福の声にわいたことがありありと思い出される。

他方で、教義面ではやはり保守的である。たとえば人工妊娠中絶や同性婚には明確に反対の意を表しており、また聖職者独身制の堅持を訴えている。さらに同性愛については従来のカトリック的解釈を支持しつつ、彼らの人権を擁護しようという新たな動向を示してもいる。しかしやはりこれらの点に関しても、決定的な結論が出たとするのは早計だろう。

ラディカルに変容しつづける現代社会に対し、教皇と教皇庁、そして信徒たちはいかに向き合っていくのだろうか。ひとつ確実なことは、教皇は常によりよい状況を求めて行動しようとしている、ということである。そしてそのために、高邁な理想を掲げたり、現実の困難になんとか効果のありそうな対処を試みたりする。それはときに保守的にも見えるし、ときに革新的にも見える。しかし教皇たちを駆りたてる理由、そして教皇たちが目指すものは、おそらく変わらないのではないか。同じことは、本書『ローマ教皇史』で紹介されたおびただしい数の教皇たちほぼすべてにも当てはまるのである。本書は、私たちがカトリックのみならずひろく二十一世紀のキリスト教や宗教全般を見とおすうえで、必須の歴史的視点を手に入れるよすがとなる。

インノチェンティウス十三世	1721 ～ 1724
ベネディクトゥス十三世	1724 ～ 1730
クレメンス十二世	1730 ～ 1740
ベネディクトゥス十四世	1740 ～ 1758
クレメンス十三世	1758 ～ 1769
クレメンス十四世	1769 ～ 1774
ピウス六世	1775 ～ 1799
ピウス七世	1800 ～ 1823
レオ十二世	1823 ～ 1829
ピウス八世	1829 ～ 1830
グレゴリウス十六世	1831 ～ 1846
ピウス九世	1846 ～ 1878
レオ十三世	1878 ～ 1903
ピウス十世	1903 ～ 1914
ベネディクトゥス十五世	1914 ～ 1922
ピウス十一世	1922 ～ 1939
ピウス十二世	1939 ～ 1958
ヨハネス二十三世	1958 ～ 1963
パウルス六世	1963 ～ 1978
ヨハネス・パウルス一世	1978
ヨハネス・パウルス二世	1978 ～ 2005
ベネディクト十六世	2005 ～ 2013
フランシスコ	2013 ～
☆――非合法的教皇を示す	

シクトゥス四世	1471～1481
インノチェンティウス八世	1484～1492
アレクサンデル六世	1492～1503
ピウス三世	1503
ユリウス二世	1503～1513
レオ十世	1513～1521
ハドリアヌス六世	1522～1523
クレメンス七世	1523～1534
パウルス三世	1534～1549
ユリウス三世	1550～1555
マルチェルス二世	1555
パウルス四世	1555～1559
ピウス四世	1559～1565
ピウス五世	1566～1572
グレゴリウス十三世	1572～1585
シクトゥス五世	1585～1590
ウルバヌス七世	1590
グレゴリウス十四世	1590～1591
インノチェンティウス九世	1591
クレメンス八世	1592～1605
レオ十一世	1605
パウルス五世	1605～1621
グレゴリウス十五世	1621～1623
ウルバヌス八世	1623～1644
インノチェンティウス十世	1644～1655
アレクサンデル七世	1655～1667
クレメンス九世	1667～1669
クレメンス十世	1670～1676
インノチェンティウス十一世	1676～1689
アレクサンデル八世	1689～1691
インノチェンティウス十二世	1691～1700
クレメンス十一世	1700～1721

マルティヌス四世	1281 ～ 1285
ホノリウス四世	1285 ～ 1287
ニコラウス四世	1288 ～ 1292
チェレスティヌス五世	1294
ボニファティウス八世	1294 ～ 1303
ベネディクトゥス十一世	1303 ～ 1304
クレメンス五世	1305 ～ 1314
ヨハネス二十二世	1316 ～ 1334
☆ニコラウス五世	1328 ～ 1330
ベネディクトゥス十二世	1334 ～ 1342
クレメンス六世	1342 ～ 1352
インノチェンティウス六世	1352 ～ 1362
ウルバヌス五世	1362 ～ 1370
グレゴリウス十一世	1370 ～ 1378
ウルバヌス六世（ローマ）	1378 ～ 1389
ボニファティウス九世（ローマ）	1389 ～ 1404
インノチェンティウス七世（ローマ）	1404 ～ 1406
グレゴリウス十二世（ローマ）	1406 ～ 1415
☆クレメンス七世（アヴィニョン）	1378 ～ 1394
☆ベネディクトゥス十三世（アヴィニョン）	1394 ～ 1417（1423）
☆アレクサンデル五世（ピサ）	1409 ～ 1410
☆ヨハネス二十三世（ピサ）	1410 ～ 1415
マルティヌス五世	1417 ～ 1431
☆クレメンス八世	1423 ～ 1429
☆ベネディクトゥス十四世	1425 ～ ?
エウジェニウス四世	1431 ～ 1447
☆フェリクス五世	1439 ～ 1449
ニコラウス五世	1447 ～ 1455
カリストゥス三世	1455 ～ 1458
ピウス二世	1458 ～ 1464
パウルス二世	1464 ～ 1471

☆チェレスティヌス二世	1124
インノチェンティウス二世	1130～1143
☆アナクレトゥス二世	1130～1138
☆ヴィクトル四世	1138
チェレスティヌス二世	1143～1144
ルチウス二世	1144～1145
エウジェニウス三世	1145～1153
アタナシウス四世	1153～1154
ハドリアヌス四世	1154～1159
アレクサンデル三世	1159～1181
☆ヴィクトル四世	1159～1164
☆パスカリス三世	1164～1168
☆カリストゥス三世	1168～1178
☆インノチェンティウス三世	1179～1180
ルチウス三世	1181～1185
ウルバヌス三世	1185～1187
グレゴリウス八世	1187
クレメンス三世	1187～1191
チェレスティヌス三世	1191～1198
インノチェンティウス三世	1198～1216
ホノリウス三世	1216～1227
グレゴリウス九世	1227～1241
チェレスティヌス四世	1241
インノチェンティウス四世	1243～1254
アレクサンデル四世	1254～1261
ウルバヌス四世	1261～1264
クレメンス四世	1265～1268
グレゴリウス十世	1271～1276
インノチェンティウス五世	1276
ハドリアヌス五世	1276
ヨハネス二十一世	1276～1277
ニコラウス三世	1277～1280

シルヴェステル二世	999～1003
ヨハネス十七世	1003
ヨハネス十八世	1003（04？）～1009
セルジウス四世	1009～1012
ベネディクトゥス八世	1012～1024
☆グレゴリウス六世	1012
ヨハネス十九世	1024～1032
ベネディクトゥス九世	1032～1045
シルヴェステル三世	1045
グレゴリウス六世	1045～1046
クレメンス二世	1046～1047
ベネディクトゥス九世	1047～1048
ダマスス二世	1048
レオ九世	1049～1054
ヴィクトル二世	1055～1057
ステファヌス九（十）世	1057～1058
☆ベネディクトゥス十世	1058～1059
ニコラウス二世	1058～1061
アレクサンデル二世	1061～1073
☆ホノリウス二世	1061～1072
グレゴリウス七世	1073～1085
☆クレメンス三世	1084～1100
ヴィクトル三世	1086～1087
ウルバヌス二世	1088～1099
パスカリス二世	1099～1118
☆テオドリクス	1100～1102
☆アルベルトゥス	1102
☆シルヴェステル四世	1105～1111
ジェラシウス二世	1118～1119
☆グレゴリウス八世	1118～1121
カリストゥス二世	1119～1124
ホノリウス二世	1124～1130

フォルモスス	891 ～ 896
ボニファティウス六世	896
ステファヌス六（七）世	896 ～ 897
ロマヌス	897
テオドルス二世	897
ヨハネス九世	898 ～ 900
ベネディクトゥス四世	900 ～ 903
レオ五世	903
☆クリストフォルス	903 ～ 904
セルジウス三世	904 ～ 911
アナスタシウス三世	911 ～ 913
ランドゥス	913 ～ 914
ヨハネス十世	914 ～ 928
レオ六世	928
ステファヌス七（八）世	929 ～ 931
ヨハネス十一世	931 ～ 935 ／ 36
レオ七世	936 ～ 939
ステファヌス八（九）世	939 ～ 942
マリヌス二世	942 ～ 946
アガペトゥス二世	946 ～ 955
ヨハネス十二世	955 ～ 963（964）
レオ八世	963 ～ 965
ベネディクトゥス五世	964
ヨハネス十三世	965 ～ 972
ベネディクトゥス六世	972 ～ 974
☆ボニファティウス七世	974
ベネディクトゥス七世	974 ～ 983
ヨハネス十四世	983 ～ 984
ボニファティウス七世	984 ～ 985
ヨハネス十五世	985 ～ 996
グレゴリウス五世	996 ～ 999
☆ヨハネス十六世	997 ～ 998

セルジウス一世	687～701
ヨハネス六世	701～705
ヨハネス七世	705～707
シシンニウス	708
コンスタンティヌス一世	708～715
グレゴリウス二世	715～731
グレゴリウス三世	731～741
ザカリアス	741～752
☆ステファヌス二世	752
ステファヌス二（三）世	752～757
パウルス一世	757～767
☆コンスタンティヌス二世	767～768
☆フィリプス	768
ステファヌス三（四）世	768～772
ハドリアヌス一世	772～795
レオ三世	795～816
ステファヌス四（五）世	816～817
パスカリス一世	817～824
エウジェニウス二世	824～827
ヴァレンティヌス	827
グレゴリウス四世	827～844
☆ヨハネス	844
セルジウス二世	844～847
レオ四世	847～855
ベネディクトゥス三世	855～858
☆アナスタシウス	855
ニコラウス一世	858～867
ハドリアヌス二世	867～872
ヨハネス八世	872～882
マリヌス一世（マルティヌス二世）	882～884
ハドリアヌス三世	884～885
ステファヌス五（六）世	885～891

ボニファティウス二世	530～532
ヨハネス二世	533～535
アガペトゥス一世	535～536
シルヴェリウス	536～537
ヴィジリウス	537～555
ペラジウス一世	556～561
ヨハネス三世	561～574
ベネディクトゥス一世	575～579
ペラジウス二世	579～590
グレゴリウス一世	590～604
サビニアヌス	604～606
ボニファティウス三世	607
ボニファティウス四世	608～615
デウスデディトゥス（アデオダトゥス一世）	615～618
ボニファティウス五世	619～625
ホノリウス一世	625～638
セルヴェリヌス	640
ヨハネス四世	640～642
テオドルス一世	642～649
マルティヌス一世	649～655
エウジェニウス一世	654～657
ヴィタリアヌス	657～672
アデオダトゥス二世	672～676
ドヌス	676～678
アガト	678～681
レオ二世	682～683
ベネディクトゥス二世	684～685
ヨハネス五世	685～686
コノン	686～687
☆テオドルス	687
☆パスカリス	687

カイウス	282（283？）～295（296？）
マルチェリヌス	295（296？）～304
マルチェルス一世	307？～308？
エウセビウス	308（309？　310？）
メルティアデス	310（311？）～314
シルヴェステル一世	314～335
マルクス	336
ユリウス一世	337～352
リベリウス	352～366
☆フェリクス二世	355～358（365）
ダマスス一世	366～384
☆ウルシヌス	366～367
シリチウス	384～399
アナスタシウス一世	399～402
インノチェンティウス一世	402～417
ゾジムス	417～418
ボニファティウス一世	418～422
☆エウラリウス	418～419
チェレスティヌス一世	422～432
シクストゥス三世	432～440
レオ一世	440～461
ヒラルス	461～468
シンプリキウス	468～483
フェリクス三世（二世）	483～492
ジェラシウス	492～496
アナスタシウス二世	496～498
シムマクス	498～514
☆ラウレンティウス	498～506
ホルミスダス	514～523
ヨハネス一世	523～526
フェリクス四世（三世）	526～530
☆ディオスクルス	530

教 皇 表

教皇名	在位期間
ペトルス	～64／67？
リヌス	64／67？～79？
アナクレトゥス	79？～90／92？
クレメンス一世	90／92？～99／101？
エヴァリストゥス	99／101？～107？
アレクサンデル一世	107？～116？
シクストゥス一世	116？～125？
テレスフォルス	125？～136？
ヒジヌス	136／38？～140／42？
ピウス一世	140／42？～154／55？
アンチェトゥス	154／55～166？
ソテル	166？～174？
エレウテリウス	174？～189？
ヴィクトル一世	189？～198？
ゼフィリヌス	198？～217？
カリストゥス一世	217？～222
☆ヒッポリトゥス	217？～235
ウルバヌス一世	222～230
ポンティアヌス	230～235
アンテルス	235～236
ファビアヌス	236～250
コルネリウス	251～253
☆ノヴァティアヌス	251～258？
ルチウス一世	253～254
ステファヌス一世	254～257
シクストゥス二世	257～258
ディオニシウス	260（259？）～267（268？）
フェリクス一世	268（269？）～273（274？）
エウティキアヌス	274（275？）～282（283？）

本書は一九八〇年六月、教育社から刊行された。

アレクサンドロスとオリュンピアス　森谷公俊

彼女は怪しい密儀に没頭し、残忍に邪魔者を殺す悪女なのか、息子を陰で支え続けた賢母なのか。大王母の激動の生涯を追う。（澤田典子）

古代地中海世界の歴史　本村凌二／中村るい

メソポタミア、エジプト、ギリシア、ローマ――古代に花開き、密接な交流や抗争をくり広げた文明を一望に見渡し、歴史の躍動を大きくつかむ！

増補 十字軍の思想　山内進

欧米社会にいまなお色濃く影を落とす「十字軍」の思想。人々を聖なる戦争へと駆り立てるものとは？その歴史を辿り、キリスト教世界の深層に迫る。

向う岸からの世界史　良知力

「歴史なき民」こそが歴史の担い手であり、革命の主体であった。著者の思想史から社会史への転換点を示す記念碑的作品。（阿部謹也）

増補 魔都上海　劉建輝

摩天楼、租界、アヘン。近代日本が耽溺し利用し侵略した街。驚異的発展の後なお郷愁をかき立ててやまない上海の歴史の魔力に迫る。（海野弘）

子どもたちに語るヨーロッパ史　ジャック・ル・ゴフ／前田耕作監訳／川崎万里訳

歴史学の泰斗が若い人に贈る、とびきりの入門書。地理的要件や歴史、とくに中世史を、たくさんのエピソードとともに語った魅力あふれる一冊。

隊商都市　ミカエル・ロストフツェフ／青柳正規訳

通商交易で繁栄した古代オリエント都市のペトラ、パルミュラなどの遺跡に立ち、往時に思いを馳せたロマン溢れる歴史紀行の古典的名著。（前田耕作）

法然の衝撃　阿満利麿

法然こそ日本仏教を代表する巨人であり、ラディカルな革命家だった。鎮魂慰霊を超えて救済の原理を指し示した思想の本質に迫る。

親鸞・普遍への道　阿満利麿

絶対他力の思想はなぜ、どのように誕生したのか。日本の精神風土と切り結びつつ普遍的救済への回路を開いた親鸞の思想の本質に迫る。（西谷修）

近代ヨーロッパ史
福井憲彦
ヨーロッパの近代は、その後の世界を決定づけた。現代をさまざまな面で規定しているヨーロッパ近代の歴史と意味を、平明かつ総合的に考える。

ルーベンス回想
ヤーコプ・ブルクハルト　新井靖一訳
19世紀ヨーロッパを代表する歴史家ブルクハルトが、「最大の絵画的物語作者」ルーベンスの絵画の本質を、作品テーマに即して解説する。新訳。

売春の社会史（上）
バーン&ボニー・ブーロー　香川檀／家本清美／岩倉桂子訳
売春の歴史を性と社会的な男女関係の歴史としてとらえた初の本格的通史。図版多数。「売春の起源」から「宗教改革と梅毒」までを収録。

売春の社会史（下）
バーン&ボニー・ブーロー　香川檀／家本清美／岩倉桂子訳
様々な時代や文化的背景における売春の全体像を十全に描き、社会政策への展開を探る。「王侯と平民」から「変わりゆく二重規範」までを収録。

イタリア・ルネサンスの文化（上）
ヤーコプ・ブルクハルト　新井靖一訳
中央集権化がすすみ緻密に構成されていく国家あってこそ、イタリア・ルネサンスは可能となった。ブルクハルト若き日の着想に発した畢生の大著。

イタリア・ルネサンスの文化（下）
ヤーコプ・ブルクハルト　新井靖一訳
緊張の続く国家間情勢の下にあって、類稀な文化と個性的な人物達は生みだされた。近代的な社会に向かう時代の、人間の生活文化様式を描ききる。

はじめてわかる ルネサンス
ジェリー・ブロトン　高山芳樹訳
ルネサンスは芸術だけじゃない！　東洋との出会い、科学と哲学、宗教改革など、さまざまな角度から光をあてて真のルネサンス像に迫る入門書。

増補 普通の人びと
クリストファー・R・ブラウニング　谷喬夫訳
ごく平凡な市民が無抵抗なユダヤ人を並べ立たせ、ひたすら銃殺する――なぜ彼らは八万人もの大虐殺に荷担したのか。その実態と心理に迫る戦慄の書。

匪賊の社会史
エリック・ホブズボーム　船山榮一訳
抑圧的権力から民衆を守るヒーローと讃えられてきた善きアウトローたち。その系譜や生き方を追い、暴力と権力のからくりに迫る幻の名著。

20世紀の歴史（上）
エリック・ホブズボーム
大井由紀訳

第一次世界大戦の勃発が20世紀の始まりとなった。この「短い世紀」の諸相を英国を代表する歴史家が渾身の力で描く。全二巻、文庫オリジナル新訳。

20世紀の歴史（下）
エリック・ホブズボーム
大井由紀訳

一九七〇年代を過ぎ、世界に再び危機が訪れる。不確実性がいやますなか、ソ連崩壊が20世紀の終焉を印した。歴史家の考察は我々に何を伝えるのか。

アラブが見た十字軍
アミン・マアルーフ
牟田口義郎／新川雅子訳

十字軍とはアラブにとって何だったのか？ 豊富な史料を渉猟し、激動の12、13世紀をあざやかに、しかも手際よくまとめた反十字軍史。

バクトリア王国の興亡
前田耕作

ゾロアスター教が生まれ、のちにヘレニズムが開花したバクトリア。様々な民族・宗教が交わるこの地に栄えた王国の歴史を描く唯一無二の概説書。

ディスコルシ
ニッコロ・マキァヴェッリ
永井三明訳

ローマ帝国はなぜあれほどまでに繁栄しえたのか。その鍵は〝ヴィルトゥ〟。パワー・ポリティクスの教祖が、したたかに歴史を解読する。

戦争の技術
ニッコロ・マキァヴェッリ
服部文彦訳

出版されるや否や各国語に翻訳された最強にして安全な軍隊の作り方。この理念により創設された新生フィレンツェ軍は一五〇九年、ピサを奪回する。

マクニール世界史講義
ウィリアム・H・マクニール
北川知子訳

ベストセラー『世界史』の著者が人類の歴史を読み解くための三つの視点を易しく語る白熱の入門講義。本物の歴史感覚を学べます。文庫オリジナル。

古代ローマ旅行ガイド
フィリップ・マティザック
安原和見訳

タイムスリップして古代ローマを訪れるなら？ そんな想定で作られた前代未聞のトラベル・ガイド。必見の名所・娯楽ほか情報満載。カラー頁多数。

古代アテネ旅行ガイド
フィリップ・マティザック
安原和見訳

古代ギリシャに旅行できるなら何を観て何を食べる？ そうだソクラテスにも会ってみよう！ 神殿等の名所・娯楽ほか現地情報満載。カラー図版多数。

大都会の誕生　喜安朗／川北稔
都市型の生活様式は、歴史的にどのように形成されてきたのか。この魅力的な問いに、碩学がふたつの都市の豊富な事例をふまえて重層的に描写する。

共産主義黒書〈ソ連篇〉　ステファヌ・クルトワ／ニコラ・ヴェルト　外川継男訳
史上初の共産主義国家〈ソ連〉は、大量殺人・テロル・強制収容所を統治形態にまで高めた。レーニン以来行われてきた犯罪を赤裸々に暴いた衝撃の書。

共産主義黒書〈アジア篇〉　ステファヌ・クルトワ／ジャン＝ルイ・マルゴラン　高橋武智訳
アジアの共産主義国家は抑圧政策においてソ連以上の悲惨を生んだ。中国、北朝鮮、カンボジアなどでの実態は我々に歴史の重さを突き付けてやまない。

ヨーロッパの帝国主義　アルフレッド・W・クロスビー　佐々木昭夫訳
15世紀末の新大陸発見以降、ヨーロッパ人はなぜ次々と植民地を獲得できたのか。病気や動植物に着目して帝国主義の謎を解き明かす。（川北稔）

民のモラル　近藤和彦
統治者といえど時代の約束事に従わざるをえなかった18世紀イギリス。新聞記事や裁判記録、ホーガースの風刺画などから騒擾と制裁の歴史をひもとく。

台湾総督府　黄昭堂
清朝中国から台湾を割譲させた日本は、新たな統治機関として台北に台湾総督府を組織した。抵抗と抑圧と建設。植民地統治の実態を追う。（檜山幸夫）

増補　大衆宣伝の神話　佐藤卓己
祝祭、漫画、シンボル、デモなど政治の視覚化は大衆の感情をどのように動員したか。ヒトラーが学んだプロパガンダを読み解く「メディア史」の出発点。

ユダヤ人の起源　シュロモー・サンド　高橋武智監訳　佐々木康之／木村高子訳
〈ユダヤ人〉はいかなる経緯をもって成立したのか。歴史記述の精緻な検証によって実像に迫り、そのアイデンティティを根本から問う画期的試論。

中国史談集　澤田瑞穂
皇帝、彫青、男色、刑罰、宗教結社など中国裏面史を彩った人物や事件を中国文学の碩学が独自の視点で解き明かす。怪力乱「神」をあえて語る！（堀誠）

同時代史
タキトゥス
國原吉之助訳

古代ローマの暴帝ネロ自殺のあと内乱が勃発。絡みあう人間ドラマ、陰謀、凄まじい政争を、臨場感あふれる鮮やかな描写で展開した大古典。（本村凌二）

秋風秋雨人を愁殺す
武田泰淳

辛亥革命前夜、疾風のように駆け抜けた美貌の若き女性革命家秋瑾の生涯。日本刀を鍾愛した烈女秋瑾の思想と人間像を浮き彫りにした評伝の白眉。

歴史（上・下）
トゥキュディデス
小西晴雄訳

野望、虚栄、裏切り——古代ギリシアを殺戮の嵐に陥れたペロポネソス戦争とは何だったのか。その全貌を克明に記した、人類最古の本格的「歴史書」。

日本陸軍と中国
戸部良一

中国スペシャリストとして活躍し、日中提携を夢見た男たち。なぜ彼らが、泥沼の戦争へと日本を導くことになったのか。真相を追う。（五百旗頭真）

カニバリズム論
中野美代子

根源的タブーの人肉嗜食や纏足、宦官……。目を背けたくなるものを冷静に論ずることで逆説的に人間の真実に迫る血の滴る異色の人間史。（山田仁史）

帝国の陰謀
蓮實重彦

一組の義兄弟による陰謀から生まれたフランス第二帝政。「私生児」の義弟が遺した二つのテクストを読解し、近代的現象の本質に迫る。（入江哲朗）

交易の世界史（上）
ウィリアム・バーンスタイン
鬼澤忍訳

絹、スパイス、砂糖……。新奇なもの、希少なものへの欲望が世界を動かし、文明の興亡を左右してきた。数千年にもわたる交易の歴史を一望する試み。

交易の世界史（下）
ウィリアム・バーンスタイン
鬼澤忍訳

交易は人類そのものを映し出す鏡である。圧倒的な繁栄をもたらし、同時に数多の軋轢と衝突を引き起こしてきたその歴史を圧巻のスケールで描き出す。

戦争の起源
アーサー・フェリル
鈴木主税／石原正毅訳

人類誕生とともに戦争は始まった。先史時代からアレクサンドロス大王までの壮大なるその歴史をダイナミックに描く。地図・図版多数。（森谷公俊）

中世を旅する人びと　阿部謹也

西洋中世の庶民の社会史。旅籠が客に課す厳格なルールや、遍歴職人必須の身分証明のための暗号など、興味深い史実を紹介。（平野啓一郎）

中世の星の下で　阿部謹也

中世ヨーロッパの庶民の暮らしを具体的、克明に描き、その歓びと涙、人と人との絆、深層意識を解き明かした中世史研究の傑作。（網野善彦）

中世の窓から　阿部謹也

中世ヨーロッパに生じた産業革命にも比する大転換——。名もなき人びとの暮らしを丹念に辿り、その全体像を描き出す。大佛次郎賞受賞。（樺山紘一）

1492 西欧文明の世界支配　ジャック・アタリ　斎藤広信訳

1492年コロンブスが新大陸を発見したことで、アメリカをはじめ中国・イスラム等の独自文明は抹殺された。現代世界の来歴を解き明かす一冊。

憲法で読むアメリカ史(全)　阿川尚之

建国から南北戦争、大恐慌と二度の大戦をへて現代まで。アメリカの歴史は常に憲法を通じ形づくられてきた。この国の底力の源泉へと迫る壮大な通史！

専制国家史論　足立啓二

封建的な共同団体性を欠いた専制国家・中国。歴史的にこの国はいかなる展開を遂げてきたのか。中国の特質と世界の行方を縦横に考察した比類なき論考。

暗殺者教国　岩村忍

政治外交手段として暗殺をくり返したニザリ・イスマイリ教国。広大な領土を支配したこの国の奇怪な活動を支えた教義とは？（鈴木規夫）

増補 魔女と聖女　池上俊一

魔女狩りの嵐が吹き荒れた中近世、美徳と超自然的力により崇められる聖女も急増する。女性嫌悪と礼賛の熱狂へ人々を駆りたてたものの正体に迫る。

ムッソリーニ　ロマノ・ヴルピッタ

統一国家となって以来、イタリア人が経験した激動の歴史。その象徴ともいうべき指導者の実像とは。既成のイメージを刷新する画期的ムッソリーニ伝。

中華人民共和国史十五講
王丹
加藤敬事 訳
八九年天安門事件の学生リーダー王丹。逮捕・収監後、亡命先で母国の歴史を学び直し、敗者たちの透徹した認識を復元する、鎮魂の共和国六〇年史。

増補 中国「反日」の源流
岡本隆司
「愛国」が「反日」と結びつく中国。この心情は何に由来するのか。近代史の大家が20世紀の日中関係を解き、中国の論理を描き切る。（五百旗頭薫）

ツタンカーメン発掘記（上）
ハワード・カーター
酒井傳六／熊田亨訳
黄金のマスク、王のミイラ、数々の秘宝。エジプト考古学の新時代の扉を開いた世紀の発見の全記録。上巻は王家の谷の歴史と王墓発見までを収録。

ツタンカーメン発掘記（下）
ハワード・カーター
酒井傳六／熊田亨訳
王墓発見の報が世界を駆けめぐり発掘された遺物が注目を集める中、ついに黄金の棺が開かれ、カーターは王のミイラと対面する。（屋形禎亮）

王の二つの身体（上）
E・H・カントーロヴィチ
小林公 訳
王の可死の身体は、いかにして不可死の身体へと変容するのか。異貌の亡命歴史家による最もラディカルな「王権の解剖学」。待望の文庫化。

王の二つの身体（下）
E・H・カントーロヴィチ
小林公 訳
王朝、王冠、王の威厳。権力の自己荘厳のメカニズムを冷徹に分析する中世政治神学研究の金字塔。必読の問題作。全2巻。

世界システム論講義
川北稔
近代の世界史を有機的な展開過程として捉える見方、それが〈世界システム論〉にほかならない。第一人者が豊富なトピックとともにこの理論を解説する。

裁判官と歴史家
カルロ・ギンズブルグ
上村忠男／堤康徳訳
一九七〇年代、左翼闘争の中で起きた謎の殺人事件。冤罪とも騒がれるその裁判記録の分析に著者が挑み、歴史家のとるべき態度と使命を鮮やかに示す。

中国の歴史
岸本美緒
中国とは何か。独特の道筋をたどった中国社会の変遷を、東アジアとの関係に留意して解説。初期王朝から現代に至る通史を簡明かつダイナミックに描く。

ちくま学芸文庫

ローマ教皇史《きょうこうし》

二〇一九年十月十日　第一刷発行

著　者　鈴木宣明（すずき・のぶあき）

発行者　喜入冬子

発行所　株式会社　筑摩書房
東京都台東区蔵前二―五―三　〒一一一―八七五五
電話番号　〇三―五六八七―二六〇一（代表）

装幀者　安野光雅

印刷所　中央精版印刷株式会社

製本所　中央精版印刷株式会社

ISBN978-4-480-09950-1 C0116